고객 서비스 업무의 실제

한올출판사

이 책은 "고품질 서비스 – 모든 환대산업 관리자들이 알아야 할 것"(Quality Service – What Every Hospitality Manager Need to Know)이라는 책과 짝을 이루며 서로 보완 관계에 있습니다. 이 책의 핵심 내용은 환대산업 관련조직 내에서 서비스가 수행되는 동안 관리자가 어떻게 핵심 역할을 하는지에 대하여 초점을 두고 있으며, 고품질 서비스가 제공되기 위해서는 효율적 관리가 이루어져야 한다는 것을 강조하고 있다. 이것은 진리이다. 그렇다면 왜 환대 서비스 제공자에 대하여 쓴 책을 가지고 골치를 썩어야 하느냐고 질문할 지도 모른다. 그에 대한 답은 바로 고객 서비스의 본질에서 찾을 수 있다. 관리자는 서비스 수행과정에서 핵심적이고 통합적인 역할을 담당하고 있다. 조직에서 오랜 기간에 걸쳐 제공되는 서비스의 수준이 성공인지 실패인지는 관리자에 의해서 결정된다. 서비스 관리자들은 서비스 분위기와 서비스 표준을 결정하고, 고용과 교육훈련을 담당하고, 서비스 제공자들의 업무수행에 대한 피드백을 하고, 성공에 대한 보상을 담당한다. 그러나 관리자의 이러한 핵심적 역할에도 불구하고, 현장에서 실제 서비스를 제공하고 있는 사람은 바로 서비스 제공자인 것이다.

서비스가 이루어지는 모든 현장에서 고객에게 실제 서비스를 제공하는 사람은 서비스 제공자이지 서비스 관리자가 아니다. 서비스 제공자가 고객에게 인사하고, 고객과 의사소통하고, 서비스를 제공하고, 여러 가지 형태로 고객과 상호작용하고, 임무를 완수하며, 고객이 떠날 때 인사를 한다. 거의 모든 환대 산업에서 가까이에 서비스 관리자가 있을 수도 있고, 없을 수도 있는 상황이 나타난다. 이때 서비스 제공자는 무엇을 하고, 어떻게 말하고, 행동할 것인지를 실질적으로 선택해야 하는 상황에 처하게 된다. 본질적인 것은 관리자가 있거나 없거나 간에 고객에게 제공되는 모든 서비스의 성공 여부를 상당한 정도까지 서비스 제공자가 결정한다는 점이다. 서비스 제공자가 고품질 고객 서비스가 무엇인지에 대하여 잘 알고 있다면, 고객에게 고품질 서비스를 제공할 것인지 아닌지의 결정은 바로 서비스 제공자의 몫인 것이다. 그러나 많은 서비스 제공자들이 고품질 서비스의 본질에 대하여 잘 이해하지 못하고 있다. 그들은 그저 최소한의 준비과정과 훈련을 거쳐 현업에 투입되고 있다. 그렇기 때문에 오늘날 고품질 서비스 제공이 환대 산업에서 중요한 문제로 남아 있는 것이다.

이 책은 그러한 과제에 초점을 맞추고 있다. 이 책은 현재의 서비스 제공자를 비롯하여 앞으로 서비스 제공자 역할을 하게 될 사람들에게 성공적으로 업무를 수행할 수 있도록 완벽한 안내자 역할을 할 것이다. 조직 내에서의 지위나 업무의 성격과 상관없이 고객환대와 관련 있고, 어떤 방식으로든지 고객과의 상호작용을 필요로 한다면, 해당 지위에 적합한 고품질 고객 서비스에 대한 행동 계획의 윤곽을 포괄적으로 제시할 것이다. 고품질 서비스가 무엇이며, 또 어떻게 고품질 서비스를 제공할 것인지에 대해 광범위한 영역과 각도에서 조망할 것이다.

고객환대와 관련된 것이라면, '한 번 해보는 것이 백 번 듣는 것보다 낫다.'는 속담이 딱 들어맞는다. 그래서 이 책에는 서른 두 개의 응용사례연습이 포함되어 있다. 각 응용사례연습은 독자가 개념을 형성하고, 이 책의 내용을 이해하여 구체적인 고객환대 상황에 실제 적용할 수 있도록 하기 위하여 고안된 것이다. 그리고 좀 더 실제로 참여하는 직무훈련(OJT: On the Job Training)의 충실한 안내자 역할도 할 것이다. 그렇지만 이 책은 OJT 훈련의 대체물로서 작성된 것은 아니며, 오히려 OJT 훈련을 보완하고 강화하기 위하여 만들어진 것이라는 점을 강조하고자 한다.

이 책은 환대 서비스와 관련되어 계속 반복되는 고객환대 실무 훈련뿐만 아니라, 이론 교육에도 사용할 수 있는 융통성을 지니고 있다. 실무 훈련이나 이론 교육의 어떤 상황에서든 각 장의 끝에 수록된 학습 및 토론 과제는 활발한 토론과 열성적인 배움의 무대를 조성해 줄 것이다. 여기에서는 교사, 강사 및 학생들 모두가 서로 재미를 느낄 것이다. 이 책은 고객 서비스에 관한 원칙을 다루는 고객환대 강의나 훈련과정에서 이용될 수 있다.

이 책의 기본 목적은 서비스 제공자의 성공, 교사와 훈련생의 성공, 고객환대 업무 진행의 성공 그리고 모든 고객의 성공을 이루는데 있다. 모든 사람들이 승리하면서 마칠 수 있을 것이다. 그러나 그 승리가 공짜로 얻어지는 것은 아니다. 거기에는 원칙, 방법론 그리고 숙달이 필요하다. 완전한 숙달에 이르기 위해서는 노력, 시간 그리고 연습이 필요하다. 이 교재는 바로 그 길을 제시하고 있다. 더욱 중요한 점은 이 책이 고품질 고객 서비스가 이루어질 때, 서비스 제공자와 고객이 함께 승리하도록 도와준다는 점이다. 이 책을 쓴 목적은 고품질 고객환대 서비스 제공자에게 필요한 지식과 기술을 배우는 여정이 즐거운 일인 동시에 보람 있는 일이라는 것을 강조하기 위함이다. 그 목적이 이루어지리라 믿는다.

월리엄 마틴 (William B. Martin)
캘리포니아주 포모나 (Pomona, California)

Contents

● 단원 Ⅱ

◯ **서비스의 시스템적 측면** - 서비스의 절차적인 측면

● 단원 Ⅳ

◔ 자기 평가 - 무엇을 배웠는가?

I

단원

Providing Quality Service

고객 서비스 기초－
고품질 서비스의 제공

1. 고품질 서비스

독자 혹은 학생들이 이 책을 읽어야 하는 가장 중요한 이유는 무엇보다도 이 책을 읽고 나면 "좋은" 서비스를 알게 되기 때문이다.

여러분은 이미 많은 식당, 호텔, 슈퍼마켓, 은행과 건강관리 시설 등과 같은 다양한 서비스 시설에서 여러 종류의 서비스를 받아왔다. 그리고 그것은 고객이 어떠한 서비스 받기를 원하는지를 알게 하고, 고객의 입장에서 좋은 서비스와 나쁜 서비스를 인식할 수 있게 하기도 하였다. 그러나 이제 이전과는 전혀 새로운 상황에서 보고자 한다. 즉 서비스를 제공받는 입장이 아니고, 서비스를 제공하는 입장에서의 상황을 이해하고자 하는 것이다. 이것은 환대산업에서의 서비스 제공자 혹은 서비스를 제공하려는 의지를 가진 상황을 말하는 것으로 레스토랑에서 서비스를 제공하는 직원, 호텔 프런트 데스크에서 서비스를 제공하는 사람, 그리고 테마 공원, 리조트, 항공사 등 여행관련 업계에서 일하고 있는 서비스 제공자로서의 입장을 말하는 것이다. 만일 여러분이 서비스 산업에서 근무하거나 근무하려는 의지가 있다면, 고객과 여러 가지 측면에서 상호작용이 일어날 것이다. 그리고 그 상호작용 속에서 여러분은 어떻게 해야 성공할 수 있을지, 경험한 서비스 품질을 어떻게 구분할 수 있을지, 경험한 서비스 중에서 어떤 것이 고품질 서비스였다는 것을 확신할 수 있을지 등의 의문에 스스로 답할 수 있도록 노력하여야 한다.

Win-Win 상황

이 책의 논리는 매우 단순하다. 고품질 서비스를 제공하기 위해서 고객과 서비스 제공자 모두 승리해야 한다는 것이다. 이 말의 뜻은 고객의 승리는 곧 당신의 승리라는 의미이다. 양쪽 모두 승리할 때 진정으로 고품질 서비스 수준이라 말할 수 있는 것이다. 이 말의 본질은 여러분이 손해를 봄으로써 고객이 이기는 것이 아니며, 고객이 손해를 봄으로써 여러분이 이기는 것도 아니라는 뜻이다(이러한 두 가지 상황이 발생할 가능성이 있으며, 이러한 상황이 발생하면 고품질 서비스는 이루어지지 않는다). 고품질 서비스에서는 서비스 제공자와 고객간의 Win-Win 상황이 필요하다. 그리고 이것을 "고객과 함께 누리는 승리(Winning with the Customer)"라고 말한다.

유의사항

이 책의 두 번째 중요한 점은 고품질 서비스가 저절로 이루어지지 않는다는 점이다. 행운이나 우연 또는 일시적 분위기와는 관계가 없다. 고품질 서비스는 서비스 제공자가 고객에게 어떤 행동으로 고객이 반응하도록 유도하는 것이 중요하다. 비록 '고객과 함께 승리'라는 것을 이해하는 것이 간단할지는 몰라도 그것을 이루기는 쉽지 않다. 실제 매일 매일 이 숨 가쁘게 돌아가는 서비스 환경속에서 고품질 서비스를 제공하는 것은 매우 어려운 일이다. 게다가 고객을 감동시키는 고품질 수준에서의 서비스 제공은 저절로 이루어지는 것이 아니다.

고품질 서비스는 익혀야 할 다양한 기술과 이해해야 할 기본 개념들이 있다. 또한 개인적으로 유능하거나 재치 있다고 고품질 서비스를 제공할 수 있는 것은 아니다. 물론 그런 점들이 도움을 주기도 하지만, 유능하고 재치 있는 서비스 제공자들이 고품질 고객 서비스 제공에 만전을 기하지 못하는 경우도 많다. 이러한 서비스 실패는 고품질 서비스가 무엇인지를 잘못 이해했기 때문이라고 생각한다.

고객 서비스부문에서 성공하기 위해 가장 우선적으로 필요한 것은 배우려는 의지와 훌륭한 서비스 제공자가 되겠다는 열망이다. 만일 여러분이 그러한 의지와 열망을 가지고 있다면, 이 책의 내용을 잘 이해하는 것이 중요하다. 성공하기 위해 필요한 것들이 무엇인가를 이해하고, 아울러 그대로 실천하려는 의지가 중요하다. 이 말의 의미는 고객과 윈-윈하는 상황을 만들기 위한 기술을 연마해야 한다는 뜻이다.

업무에 있어서 고품질 서비스 제공은 가장 중요한 문제로 인식하여야 한다. 그럼에도 불구하고, 환대산업에서 고품질 고객 서비스는 고품질의 음식과 객실의 제공에 비해 우선순위에서 밀려나 있는 아쉬운 상황이 나타나기도 한다. 물론 훌륭한 음식과 고객의 편안함을 제공하는 객실이 저절로 주어지는 것은 아니다. 그 자체 역시 고객만족 수준을 높임과 동시에 고객의 기대를 충족시키기 위해서 많은 시간과 노력이 투입되어 음식과 객실이 제공되는 것이다. 뿐만 아니라 음식과 객실은 환대산업에서 핵심 역할을 하기 때문에, 그것을 준비하는데 매일같이 부단히 많은 시간과 노력을 기울여야 할 필요가 있는 것도 사실이다.

그러나 그러한 노력과 열정은 고품질 서비스 제공이라는 측면에서도 강조되어야 한다. 대부분의 환대산업 담당자들은 이 점을 부인하지는 않는다. 그리고 그들은 고품질 서비스 제공이 얼마나 중요한지도 알고 있다. 그러나 역설적으로 그들의 생각과 행동이 고품질 서비스 제공에 항상 연결된다고 보기에는 어려움이 있다. 경험적으로 볼 때, 대부분의 환대산업 서비스 제공자들이 고품질 서비스의 중요성에 대하여 역설하고 있지만, 실세로 생각만큼 고품질 서비스를 제공하려는 노력의 정도에는 의문이 생기기도 한다. 더구나 많은 서비스 관리자와 제공자들은 서비스를 더욱 효과적으로 제공하기 위해 무엇을 할 수 있으며, 무엇을 해야 하는지를 깨닫지 못하고 있는 것이 현실이다.

왜 이 책을 읽어야 하는가? 그것은 현재 여러분이 서비스 제공자로서, 지금의 일상적이고 평범한 고객 서비스 수준을 고품질 고객 서비스 수준으로 바꾸기 위해 필요한 모든 것들이 이 책에 담겨있기 때문이다. 그리고 자신의 고객 서비스 성공 신화를 경험하게 될 수 있기 때문이다. 여러분! 여러분이 이 책의 기본적인 원리들을 일관성있게 늘 서비스 활동에 적용한다면, 훌륭한 고객환대 서비스 제공자가 되는 기쁨과 보상을 반드시 경험하게 될 것이다.

주요개념

1. 고품질 고객 서비스는 고객과 서비스 제공자 양자가 모두 승리한다.

2. 고품질 서비스는 서비스 제공자의 분명하고도 구체적인 행동이 필요하다.

3. 고객 서비스의 성공은 배우려는 의지와 성공하려는 욕망, 그리고 고품질 서비스를 현업에서 최우선 과제로 삼는 마음가짐에서 나타난다.

주요용어

윈-윈 상황

학습 및 토론 과제

1. 서비스 제공자가 되고자 하는 사람이 고객으로서의 경험에서 얻을 수 있는 점은 무엇입니까?

2. 환대산업에서 있어서 고품질 서비스는 왜 중요합니까?

3. 고객 서비스를 수행함에 있어 왜 고객과 서비스 제공자 양자의 승리가 중요합니까?

4. 왜 고객 서비스 제공 업무가 때로는 쉬운 일로 잘못 이해되고 있습니까?

5. 왜 많은 환대산업체들은 고품질 서비스보다 양질의 음식과 객실에 더 치중합니까?

6. 이 책을 통하여 스스로는 무엇을 얻고자 합니까?

응용사례 연습 (1)

고객과 함께 승리하는 법

1. 여러분이 경험했거나 보았던 상황 중에서 고객과 서비스 제공자가 모두 승리(Win-Win)한 고객 서비스 사례를 제시해 보십시오. 어떤 일이 있었습니까? 양자는 어떠한 측면에서 모두 승리했습니까?

_____

_____

_____

2. 여러분이 경험했거나 보았던 상황 중에서 고객이 승리하고, 서비스 제공자가 고객 서비스 제공에 실패한 고객 서비스 사례를 제시해 보십시오. 고객이 승리하고 서비스 제공자가 서비스 제공에 실패한 Win-Lose 사례입니다. 어떤 일이 있었습니까? 서비스 제공자의 반응은 어떠했습니까? 왜 이런 상황을 피해야 합니까?

_____

_____

_____

3. 서비스 제공자의 서비스 제공은 약속대로 진행이 되어 서비스 제공자는 승리하고, 고객은 실패한 고객 서비스를 받은 사례를 제시해 보십시오. 서비스 제공자는 이기고, 고객은 지는 경우(Lose-Win)입니다. 어떤 일이 있었습니까? 왜 이런 상황은 피해야 합니까?

_____

_____

_____

4. 서비스 제공자는 서비스 제공에 실패하고, 고객은 실패한 서비스를 제공받은 고객 서비스 사례를 제시해 보십시오. 즉 양자의 루즈-루즈(Lose-Lose) 상황을 말합니다. 어떤 일이 있었습니까? 왜 이런 상황은 피해야 합니까?

_____

_____

_____

응용사례 연습 (2)

고품질 서비스

1. "고품질 서비스에 초점 맞추기" 란 말은 여러분에게 어떤 의미로 받아들여집니까?

_____

_____

_____

_____

_____

_____

_____

_____

2. 고품질 고객 서비스를 제공하는 일이 당신의 능력에 비추어 가능한 일인가요? 어떻게 생각 하십니까?

_____

_____

_____

_____

_____

_____

_____

_____

3. 여러분은 승리한 서비스 제공자가 될 준비가 되어있습니까? (아래 질문에 '예' 라고 대답한다면, 여러분은 준비되어 있습니다.)

	예	아니오
가. 서비스 제공자의 일에 대해 순수한 열정을 가지고 있습니까?	_____	_____
나. 대체로 새로운 경험에 대해 열린 의식을 갖고 있습니까?	_____	_____
다. 현재나 과거에 담당한 업무수행에 관해 새롭거나 다른 방식을 배울 의지가 있습니까?	_____	_____
라. 더 좋은 서비스 제공자가 되기 위해 더 배워야 할 것들이 있다고 믿습니까?	_____	_____
마. 다른 사람들과 함께, 그리고 그들을 위해 일하는 것을 진정으로 즐깁니까?	_____	_____
바. 고객에게 '자기가 중요한 사람이다.' 라고 느끼게 해줄 능력이 있습니까?	_____	_____
사. 빠르게 전개되는 일을 감당할 충분한 체력을 가지고 있습니까?	_____	_____
아. 새로운 요구와 경험에 유연하게 적응하는 능력을 갖고 있습니까?	_____	_____

응용사례 연습 (3)

서비스 기술 목록

다음의 평가 항목은 서비스 제공 기술을 개선하기 위해 배울 필요가 있는 서비스 기술을 확인하는데 도움이 될 것입니다.

등급 1. 내가 현재 할 수 있는 것 외에 더 배울 필요가 없다.

등급 2. 조금 더 배울 필요가 있다.

등급 3. 좀 더 많이 배울 필요가 있다.

등급 4. 모두 배워야 한다.

다음에 제시된 서비스 제공 능력의 각 항목에 대해 자체 평가하여 적당한 항목에 체크하십시오.

	등급1	등급2	등급3	등급4
1. 시기적절한 서비스를 제공하라.	_____	_____	_____	_____
2. 고객의 요구를 융통성 있게 수용하고 편의를 제공하라.	_____	_____	_____	_____
3. 고객의 요구를 앞서서 예견하라.	_____	_____	_____	_____
4. 효과적인 의사전달 기술을 활용하라.	_____	_____	_____	_____
5. 고객에게 피드백을 요청하라.	_____	_____	_____	_____
6. 조직적으로 업무를 수행하라.	_____	_____	_____	_____
7. 일이 고달플 때 긍정적인 태도를 보여라.	_____	_____	_____	_____
8. 긍정적인 몸짓 언어를 사용하라.	_____	_____	_____	_____
9. 고객의 특별한 요구에 귀를 기울여라.	_____	_____	_____	_____

10. 손님을 도와주고 보조하라. ⎯⎯⎯⎯ ⎯⎯⎯⎯ ⎯⎯⎯⎯ ⎯⎯⎯⎯

11. 항상 적절한 언어를 사용하라. ⎯⎯⎯⎯ ⎯⎯⎯⎯ ⎯⎯⎯⎯ ⎯⎯⎯⎯

12. 친절하고 공손한 음성으로 말하라. ⎯⎯⎯⎯ ⎯⎯⎯⎯ ⎯⎯⎯⎯ ⎯⎯⎯⎯

13. 효과적인 판매원이 되라. ⎯⎯⎯⎯ ⎯⎯⎯⎯ ⎯⎯⎯⎯ ⎯⎯⎯⎯

14. 까다로운 손님은 세련되고 건설적으
로 대하라. ⎯⎯⎯⎯ ⎯⎯⎯⎯ ⎯⎯⎯⎯ ⎯⎯⎯⎯

추가사례 #1

**폰은 22일~24일가지 1차 사전예약에서 채권료 3만원과 가입비, 유심칩 비용을 지불하고, 28일 수령을 약속하며 예약을 받았다. 그러나 약속한 27일에 정상 발송(28일 수령)을 이행하지 않았다는 내용이 알려지면서 예판 구매자들은 해당 사이트인 폰 스토어에 접속하여 공지문을 확인했지만, 갑자기 해당 내용이 적힌 공지문은 27일 10시 이후 아무런 해명없이 삭제되어 **회사의 무책임한 대응에 예약구매자들의 불만의 글과 항의의 글이 등록되던 상황 중 서버까지 다운되었다. 예판구매자들은 이에 대해 **같은 대기업의 서버가 다운된다는 것은 믿을 수 없다며 좋은 말만 듣고, 나쁜 말은 차단해 벌리는 수작이라는 등 불편한 심기는 더욱 거세지게 되었다. 또한 28일 진행되었던 행사도 1시간 늦게 시작되었고, 선착순으로 지급한다고 약속했던 유니버살 독(충전식거치대)이 케이스로 전날 밤 변경되는 등 **는 **폰을 팔려다 신뢰까지 팔아버려 일부 가입자들은 예약 구매를 취소하겠다는 단체활동까지 이르게 되었다.

추가사례 #2

**차는 사천만 원대의 고가 차량으로 **차를 사서 두 달 정도를 타고 다니는데 어느 날 운전석 앞쪽에서 기름인지 물인지 하는 액체가 흘러내리면서 배기관이 부식되었다. 그래서 A/S센터에 가서 차량이 왜 이렇게 되는 것이냐며 재질이 무엇이냐고 물으니 주임이 내부는 코팅을 해서 부식이 되지 않고, 외부는 청화작용이 되도록 만든 것이라며 내부는 걱정이 없으니 그냥 타라고 했다. 이 차의 주인은 믿어도 되는지 의심이 되어 다시 A/S센터에 문의를 했지만 차량의 하자가 아니기 때문에 수리나 교환이 불가하다고 못 박으면서 인터넷에 올리고 싶으면 올리라는 식으로 이야기 했다. 또한 본사의 고객센터에서도 A/S센터에 연결해 주는 것 이외에는 방법이 없다고 했다.

추가사례 #3

백화점에 구두를 구매하고 신고 다닌지 얼마 지나지 않아 신발 밑창이 닳게 되었다. 나는 백화점에 가지고 A/S를 해 줄 것을 요구했다. 그랬더니 흔쾌히 알아본 뒤 무상으로 서비스를 해주겠다고 하며, 집으로 배송까지 해준다는 것이다. 그러면서 정말 죄송하다는 말과 함께 언제든지 이런 일이 있다면 직접 들러주시라며 웃으면서 사탕을 주며 서비스를 위한 절차를 수행해 주었다. 며칠 뒤 구두가 집으로 배달되어 왔고, 그 백화점 매장에서는 내가 구두를 받은 날 전화를 해서 어디 불편한 점은 없는지 확인을 하였다.

추가사례 #4

처음 개장한 음식점이라 믿음은 가지 않았지만 배가 몹시 고팠던 관계로 일단 들어갔다. 식사는 맛이 없었고, 서비스도 만족하지 못하였다. 식사를 마치고 계산을 위해 얼마냐고 물으며 계산을 하려고 하는데 돈을 빼앗듯 잡아당기는 것이었다. 화가 났지만 참고 계산을 하였다. 계산 후 영수증을 달라고 하니 왜 그것을 지금 말하냐며 짜증을 내는 것이었다.

2. 고객 서비스의 본질

고객 서비스의 본질

고객 서비스가 무엇인가?라고 질문하면, 고객의 입장에서 자기 경험에 입각하여 답하느냐, 또는 서비스 제공자 입장에서 얻은 경험에 입각하여 답하느냐에 따라 각각 다를 것이다. 오늘날 우리는 일상생활에서 무수한 고객 서비스를 경험하게 된다. 저녁식사 중 짜증나게 하는 방문 판매원의 전화이든 식료품점, 은행, 잡화상, 패스트푸드 점원과의 접촉이는 대부분의 사람들은 고객이 된다. 그리고 고객 서비스가 무엇인가리는 질문을 받았을 때, 고객의 관점에서는 다음과 같이 대답할 것이다.

"고객 서비스란 나를 돌보는 것을 의미한다."

"고객 서비스란 미소로 환영 받는 것이다."

"고객 서비스란 내가 문제가 있을 때마다 전화하는 곳이다."

"고객 서비스란 컴퓨터 보다는 실제 사람과 대화하는 것이다."

"고객 서비스란 즉시 나의 요구사항을 들어주는 것이다."

고객은 폭넓고 다양한 접객 서비스를 경험한 사람들이며, 한편으로 우리들은 서비스를 받아본 경험이 있을 것이다. 그러나 이미 식당, 호텔, 클럽, 여행 관련업이나 다른 판매계통에서 서비스 제공자로서의 경험을 가지고 있다면, 고객 서비스를 좀 다르게 정의할 것이다. 예를 들면 다음과 같다.

"고객 서비스는 최대한 신속해야 한다."

"고객 서비스는 친절해야 한다."

"고객 서비스는 단지 할 일을 하는 것이다."

"고객 서비스는 고객에게 미소를 짓게하는 것이다."

"고객 서비스는 판매를 유도하는 것이다."

"고객 서비스는 고객에게 무한한 도움을 주는 것이다."

왜 이렇게 다른 응답이 나오는 것일까? 왜 사람들은 고객 서비스를 각기 다르게 인식하는 것일까? 누가 옳은 것인가? 정답은 그들 모두 옳다는 것이다. 왜 그런가? 왜 고객 서비스의 본질이 이렇게 혼란스럽게 나타나는 것일까? 그 이유는 고객 서비스가 무형이기 때문이다. 접시에 담긴 음식이나 호텔의 방과는 다르게 고객 서비스는 직접 치수를 재거나 무게를 달고 검사하며, 만져보거나 냄새를 맡을 수 없기 때문이다. 이것이 우리가 고객 서비스를 세심하게 주의를 기울여야 하는 이유이다. 여기에서 우리가 고객 서비스에 대한 인식의 폭을 넓히기 위해서는 다음 사항을 이해할 필요가 있다.

1. 유형 제품과 무형 제품의 차이점
2. 모든 유·무형 서비스 상황에서의 고객의 특별한 입장

유형의 서비스와 무형의 서비스

고객 서비스는 서비스 상품과는 다르다. 왜냐하면 고객 서비스는 무형이기 때문이다. 그리고 무형이기 때문에 서비스를 제공하는 사람에게는 서비스 제공활동이 매우 어려운 과제이기도 하다. 환대산업에서 대부분의 사람들은 외식업과 숙박업이 특수한 산업이란 사실을 이해하고 인식하고 있다. 식당과 호텔은 제품을 생산하고 판매할 뿐만 아니라, 유통과 소비도 한다. 더욱이 대부분 서비스의 생산과정은 한 번에 한 곳에서 이루어진다. 그러나 서비스업이 식당의 주방이나 호텔의 객실과 같은 생산 장소 이외에서 경영의 복잡성이 커진다는 사실을 이해하고, 인식하는 사람은 그리 많지 않다. 또한 어떤 사람들은 특히 음식이나 객실과 같은 유형의 제품과 비교했을 때, 고객 서비스와 같은 무형의 제품이 전체적인 경영의 성공에 얼마나 많은 영향을 미치는지 모른다.

서비스 산업에서 고객 서비스는 인간적인 면을 반영하고 있다. 이러한 측면에서 인간적인 면의 복잡성을 인식하고 이해하지 못하면 큰 문제에 부딪히게 될 것이다. 그럼에도 불구하고, 많은 사람들이 이러한 사실을 간과하고 있다. "콩, 감자와 베개"와 같은 유형적인 면에만 열중하면서 실체가 없는 무형의 인간적인 측면은 자연히 해결되기를 기대한다. 왜 이러한 일이 발생할까? 가시적인 것들은 더 쉽게 다룰 수 있다고 보기 때문이다. 객실이나 접시에 가득 담긴 음식 같은 것은 물건이 좋은 지 나쁜지 검사하기 위해서 살펴보고 만지고 심지어 냄새도 맡아 볼 수 있다. 그러나 불행하게도 고객 서비스는 그렇게 할 수 없다. 고객에게 형태가 있는 물건을 제공하는 것보다는 무형의 서비스를 제공하는 것이 훨씬 더 복잡하다. 더구나 서비스 제공자가 고객과 상호작용하기 시작했을 때는 인간 관계를 다루는 기술이 대단히 중요해진다. 대인관계의 복잡성과 중요성 때문에 어느 서비스 기관에서든 대인관계 기술을 그저 운에 맡기지 않는다. 대인관계 기술과 연관이 되어 있을 때는 인간이 가지고 있는 필요성, 욕구, 바램, 기대 심리, 관습 및 의사소통 방법과 관련된 감정적인 면, 사회적인 면, 그리고 문화적인 면을 고려해야 한다. 간단하게 말해서 이 모든 것은 복잡하다. 그렇다고 해서 서비스 업에서 단지 다루기 쉬운 유형적인 측면에만 전념할 수는 없는 것이다. 즉 양질의 고객 서비스를 제공하려면, 전통적으로 유형의 물건에 쏟아왔던 노력과 집중을 무형의 측면인 대인관계에도 적용하는 것을 배워야만 하는 것이다.

　　이 책은 앞으로 서비스를 제공할 사람이나 현재 서비스를 제공하고 있는 사람들에게 훌륭한 고객 서비스에 대한 전반적인 시각을 확대시키고, 고객환대 업무에서 고객을 다루는 방법 뿐만 아니라, 서비스 제공의 효과적이고 효율적인 기술과 방법까지 알게 해줄 것이다. 콩, 감자와 베개 같은 유형적 물건에 더하여 서비스 활동과 같은 무형의 인간행동의 중요성을 이해하게 될 것이다. 올바른 행동과 통제를 통해 대인관계의 기술을 향상시킬 수 있다. 효과적인 행동을 통하여 서비스의 차별화를 이룰 수 있다. 반면에 서비스를 받는 고객들은 그들이 원하고, 예상하고 그리고 가치 있다고 인정하는 서비스의 친절함을 느낄 것이다. 이러한 결과로 서비스 제공자와 고객이 모두 승리하는 만족스러운 상황을 얻게 될 것이다.

　　이를 위한 첫 단계가 고객 서비스에 초점에 맞추는 일이다.

고객 눈높이 서비스

"고객은 왕이다."

"고객은 우리의 존재 이유이다."

"고객 없이는 아무것도 가진 것이 없다."

"우리의 사업에 대한 정의를 고객이 내린다."

"고객을 이해하지 못한다면, 우리의 사업을 이해하지 못하고 있는 것이다."

이러한 말은 고객이 사업의 본질과 사업의 성공에 중요하다는 고객 중심의 생각을 반영하고 있는 것이다. 이를 고객 관점의 서비스라고 부른다. 몇 가지 예가 더 있다.

"고객이 느끼지 못한다면 양질의 서비스를 제공하는 것이 아니다."

"고객에서부터 급여가 나온다."

"고객은 업무에 끼어드는 사람이 아니라 업무의 목적이다."

"고객은 제삼자가 아니라 사업의 일부이다."

서비스를 고객의 눈높이에 맞추려면, 서비스 제공 조직을 제조업과는 다른 시각으로 이해하여야 한다. 서비스 제공자가 고객과 접촉하는 바로 그 순간에 가장 중요한 활동이 이루어진다는 점을 염두에 두어야 한다. 간단히 말하자면, 이 때가 고객 서비스를 결정짓는 순간이다. 이 순간이 바로 고객이 서비스를 평가하는 시점이다. 스칸디나비아 항공사의 얀 칼슨(Jan Carlzon)은 이 순간을 한마디로 **"진실의 순간(Mor)"** 이라고 이름을 붙였다.

고객 서비스가 이루어지기 시작하여 진실의 순간이 왔을 때, 기업의 모든 초점은 〈그림 2.1〉의 전통적 서비스 관점에서 나타낸 것과 같은 명령 체계에 따른 순서는 완전히 뒤바뀌어 고객 중심의 서비스 관점으로 나타나 고객이 최우선으로 인식되는 형태가 되어야 한다.

프런트 데스크 직원, 식당 서비스 직원, 룸 서비스, 호텔 판매와 마케팅 전문가 또는 여행사 직원 등은 매일 수백 번 진실의 순간을 맞게 된다. 이는 일선의 서비스 제공자 한 사람 한 사람이 전체 조직을 위해 절대적으로 중요하다는 사실을 나타낸다. 모든 서비스 제공자가 성공하지 못하면, 조직이 성공할 수 없다. 진실의 순간에서 고객이 승리자가 되는 것이 서비스 제공자 개개인의 승리에 필수적이라는 사실을 명심해야 한다.

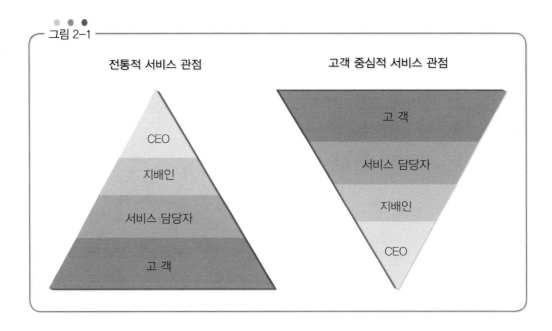

그림 2-1

전통적 서비스 관점

CEO
지배인
서비스 담당자
고 객

고객 중심적 서비스 관점

고 객
서비스 담당자
지배인
CEO

주요개념

1. 고객 서비스가 무엇인가에 대한 인식은 생활과 직업적인 경험에 따라 사람마다 다를 수 있다.

2. 고객 서비스는 무형이며, 유형적인 서비스 물건과 같은 주의와 집중력이 요구된다.

3. 고객의 눈높이 서비스에 맞추기 위해서 역삼각형으로 보인 특별한 시각으로 서비스 조직을 살펴볼 필요가 있다.

주요용어

고객의 눈높이 서비스

무형물

진실의 순간

유형물

학습 및 토론 과제

1. 흔히 고객들은 왜 서비스 제공자와 다르게 고객 서비스를 정의하고 설명합니까?

2. 고객 서비스의 무형성이 왜 유형의 서비스보다 전달하기 더 어려운가요?

3. 고객환대 업무가 고객환대 이외의 업무와 무엇이 크게 다릅니까?

4. "진실의 순간"이란 무엇을 의미합니까? 왜 중요합니까?

5. 〈그림 2.1〉에서 나타나듯이 전통적인 서비스 관점과 고객중심의 서비스 관점 사이에는 어떤 차이가 있습니까?

응용사례 연습 (4)

어떻게 고객 서비스를 정의합니까?

1. 고객, 손님, 환자 또는 의뢰인으로서 고객 서비스는 어떤 의미를 가집니까?

_____

_____

_____

_____

_____

2. 서비스 제공자나 잠재적인 서비스 제공자로서 고객 서비스는 어떤 의미를 가집니까?

_____

_____

_____

_____

_____

3. 위의 두 질문에 대한 당신의 답변에서 차이점과 유사점은 무엇입니까?

_____

_____

_____

_____

_____

고객 서비스는 자동차와 같지 않습니다

고객 서비스는 다음과 같은 이유로 자동차와 다릅니다.

- 타이어처럼 발로 찰 수 없습니다.
- 문을 열고 그 안에 탈 수가 없습니다.
- 선택할 수 있는 색상이 없습니다.
- 차고에 보관할 수 없습니다.
- 엔진 소리를 들을 수 없습니다.
- 고장 났을 때 정비소에 맡길 수가 없습니다.

서비스 조직은 이런 저런 방법으로 유형의 제품이나 상황을 다룹니다. 유형의 제품은 자동차와 같이 살펴보고, 만지고, 무게를 달거나 물리적인 점검을 할 수 있습니다. 유형으로 만질 수 있다면 그 조직이 하는 일을 쉽게 정의할 수 있습니다.

다음은 유형적 서비스의 예입니다.

컴퓨터	위생용품	객실	음식	설비	장식	표	비행기	제복	건물	돈	가구

1. 서비스 조직에서 근무한다면 여러분의 업무에서 다뤄야 하는 주요 유형물은 무엇입니까?

_____

_____

_____

_____

_____

2. 전체적으로 그 조직이 가장 중요하다고 여기는 주요 유형물은 무엇입니까?

_____

_____

_____

_____

_____

고객 서비스는 무형입니다

무형물은 서비스의 인간적인 측면을 다루고 있습니다. 인간의 감정, 행동, 이해, 기분과 느낌 등이 여기에 포함됩니다.

"옳은 것" 인지 "잘못된 것" 인지 알기 위해서 조사하고 만지거나 냄새를 맡을 수 없기 때문에 종종 무형물을 정의하기 어렵습니다. 그러나 유형의 요소와 함께 무형의 고객 서비스는 성공을 좌우하는 열쇠가 됩니다.

다음은 무형적 서비스의 예입니다.

편의	세심함	태도	참여	유연성	친절	정중함	유용
지식	만족	감수성	재치	어조	이해심	환대	

여러분이 경험했던 무형의 고객 서비스는 무엇입니까?

고객의 입장에서

_____

_____

_____

_____

_____

서비스 제공자의 입장에서

_____

_____

_____

_____

_____

_____

고객은 왕입니다

"고객은 왕이다."

"고객은 우리의 존재 이유이다."

"고객 없이는 아무 것도 가진 것이 없다."

"우리의 사업에 대한 정의를 고객이 내린다."

"고객이 인정하지 않는다면 우리는 양질의 서비스를 제공하는 것이 아니다."

"우리의 급여는 고객에게서 나온다."

"고객을 이해하지 못한다면 우리의 사업을 이해하지 못하고 있는 것이다."

"고객은 업무에 끼어드는 사람이 아니라 업무의 목적이다."

"고객은 제삼자가 아니라 사업 그 자체이다."

1. 고객의 관점을 반영하는 수천 개의 문구가 있습니다. 위에 나열된 문구들은 그 중의 몇 가지에 불과합니다. 이 중에서 어떤 문구가 가장 큰 감동을 줍니까? 그리고 그 이유는 무엇입니까?

_____

_____

_____

_____

_____

_____

_____

2. 고객의 눈높이를 반영하여 새로운 문구를 추가한다면 어떤 문구를 넣겠습니까?

_____

_____

_____

_____

_____

_____

_____

고객 중심적 서비스 관점

1. 이 역삼각형은 무엇을 말하고 있습니까?

_____

_____

_____

_____

_____

2. 이 그림이 서비스 제공자의 역할에 대해 무엇을 말하고 있습니까?

_____

_____

_____

_____

_____

3. 이 그림이 지배인과 최고경영자에 대해 무엇을 말하고 있습니까?

_____

_____

_____

_____

_____

저와 어머니가 함께 호주 멜버른에 여행을 할 기회가 있었는데 당시 어머니와 저는 영어로 전혀 의사소통을 할 수 없는 상황이었다. 그렇지만 멜버른에 가기 위해서는 시드니에 도착 후 호주 국내선으로 환승하여 가야 했기 때문에 영어를 할 수 없었던 저희로서는 굉장히 난감한 상황이었다.
그래서 이 상황을 스튜어디스에게 말하였더니 시드니 공항 측에 연락을 하여 그쪽 공항직원으로 하여금 저희가 멜버른 행 비행기를 무사히 타게끔 안내하게 해주었다.

추가사례 #2

한 레스토랑에 젊은 커플이 5살 정도의 어린 조카와 식사를 하려 방문하였다. 자리에 안내하고 나니 어린 조카가 징징대고 불편하였는지 저에게 식사하는 동안에 조카가 근처에서 놀 수 있는 곳이 없냐고 물었다. 그래서 저는 고객에게 "네, 8살 미만의 어린아이들이 놀 수 있는 놀이방이 있습니다."라고 말하고 어린아이를 놀이방에서 놀게 하였고, 고객은 즐겁게 식사하고 편안하게 가셨다. 그 고객은 며칠 후 다시 식사를 하러 오셨다.

추가사례 #3

아빠와 동네 자장면 집에 갔다. 아빠와 제가 가게에 들어가자 사장님과 종사원이 인사를 "어서 오십시오."인사를 하고는 자리를 안내해 주었다. 그리고 주문을 하고 기다리는 동안 아빠와 제가 이야기를 나누고 있는데 메실 차를 주셨다. 그리고 몇 분후 주문한 자장면과 탕수육이 나왔다. 맛있게 먹으려는 찰라 아빠는 벨을 누르고 김치를 좀 가져다 달라고 하였다. 그러자 정말 빨리 가져다주었고, 테이블 접시에 양파와 단무지가 부족한 것을 보고 더 가져다주었다. 맛있게 식사를 다하고 아빠가 계산을 할 때, 종업원이 우리에게 사탕을 주었다. 그리고 갈 때도 역시나 정중하게 인사를 하였다.

3. 고객의 두 가지 유형

서비스 대상

고객은 외부고객과 내부고객의 두 종류로 분류된다.

외부고객

외부고객은 서비스 기업 외부에서 생활하며 일하는 사람 또는 서비스 업체와는 동떨어져있는 사람들을 말한다. 그런 외부고객들은 다양한 모습, 인원, 성격으로 서비스 현장에 나타난다. 키가 크거나 작은 사람, 마르거나 비만인 사람, 백인, 유색인, 노인, 젊은이, 똑똑한 사람, 현명하지 못한 사람 등 아주 다양하다. 단골 고객인 사람도 있는 반면 처음 만나는 사람도 있다. 심지어는 아주 오래된 옛 친구 같은 사람도 있다. 고객들은 자신이 원하는 것을 잘 아는 경우도 있고 잘 모르는 경우도 있다. 약속장소에 빨리 도착하는 사람, 늦는 사람, 정시에 도착하는 사람 등 다양하다. 대부분의 사람들은 멋있지만 간혹 그렇지 않은 경우도 있다. 어떤 이들은 이해심이 많은 반면, 그렇지 않은 사람들도 있다. 간혹 외국어를 쓰는 사람들도 나타난다.

이러한 고객들은 일반적으로 두 가지 특성이 있다. 서비스 제공업체의 최종 수혜 대상자라는 점과 자신이 선택해서 그 서비스 업체를 방문하였다는 것이다. 여러분으로부터 서비스를 받기위해 스스로 결정을 내렸다고 볼 수 있는 사람들이다.

대부분의 서비스 기업은 한정된 고객을 대상으로 영업을 한다. 그리고 특정 고객층은 틈새시장 수요의 일부분이 된다. 패스트푸드 점은 고급 식당보다 더 다양한 고객을 대상으로 영업을 하게 된다. 리조트 호텔은 도심지의 비즈니스 호텔이나 그와 비슷한 호텔과 달리 특정 고객에 초점을 맞춘다. 요점은 각각의 서비스 업체마다 서로 다른 요구와 기대를 가진 외부고객을 상대한다는 것이다. 고객의 눈높이 서비스에 맞추려면, 고객의 기대치를 알아야하고, 그에 맞는 서비스를 제공하는 능력이 요구된다. 가장 중요한 점은 서비스 제공자는 우선 자신들이 제공하고 있는 서비스의 본질과 외부고객이 필요로 하고 원하는 것을 완전히 이해하지 않고서는 양질의 고객 서비스를 제공할 수 없다는 점이다.

내부고객

내부고객은 서비스 조직 내부의 다른 사람들에게 도움과 영향을 받는 모든 사람들을 말한다. 내부고객은 외부고객과는 달리 어떤 서비스를 제공 받고자 할 때, 그 직장을 그만 둘 결심을 하지 않는 한 내부 고객이 제공하는 서비스에 대한 선택의 여지가 없다. 어떤 조직에서도 나홀로 존재하는 서비스 업무 영역은 없다. 각각의 업무는 조직 내에서 한 사람 또는 여러 사람에게 처음부터 끝까지 상호 영향을 미치게 된다. 주방 직원은 케이터링 그리고 일선 고객 담당 직원에게 서비스를 제공하게 된다. 반면에 일선 고객 서비스 담당 직원은 주방 직원과 필수 불가결한 서비스 관계를 형성하게 된다. 호텔에서 하우스키핑 부서들은 항공사에서 기내 승무원과 지상 직원과의 관계처럼 프론트 데스크와 밀접한 상호 관계를 갖는다. 더구나 최고 경영자의 서비스 역량은 조직 전체에 영향을 미칠 수 있다. 이와 같이 회사 내부에서 상호 서비스를 주고 받기도 하며, 외부고객에게는 서비스를 제공하고 평가받는 내부고객이 누구인가를 정확하게 이해하고 인정하는 것은 중요하다.

고객 서비스는 외부고객 뿐만이 아니라, 내부고객에게도 만족시킬 필요가 있기 때문에 구성원 모두의 업무인 것이다. 하우스키핑 담당자는 프론트 데스크 담당자에게 업무를 떠넘길 수 없다. 주방 직원은 고객 서비스가 식탁에서만 이루어진다고 생각해서는 안된다. 더욱이 관리자도 자신들의 역할을 따로 분리하여 생각할 수 없다. 모든 서비스 종사원들은 서비스 연결고리의 일부분으로 핵심적인 역할을 하게 된다. 관리자가 어떻게 고객 서비스를 관리하고, 현장 서비스 제공자들은 어떻게 서비스를 제공하는지가 일련의 서비스 수준을 결정하는 중요한 요소가 된다.

주요개념

1. 외부고객이란 서비스 기업 외부에서 생활하고, 일하며, 자신들의 선택에 의해 여러분과 함께 거래관계를 하고 있는 개개인을 말한다.

2. 내부고객이란 조직 내부에서 그들의 업무를 수행하기 위해 당신의 도움을 받는 사람들을 말한다.

3. 고객 서비스는 서비스 기업 내의 모든 직원들의 일이라 할 수 있다.

주요용어

외부고객

내부고객

틈새시장

학습 및 토론 과제

1. 외부고객의 두 가지 핵심적인 특성은 무엇입니까? 왜 이러한 특성이 중요합니까?

2. 틈새시장을 잘 이해하는 것이 얼마나 중요합니까? 어떤 특정 틈새 시장이 서비스 제공 수준과 모습을 어떻게 결정짓는다고 말할 수 있습니까?

3. 내부고객이 외부고객과 어떻게 다릅니까? 중요한 차이점은 무엇일까요?

4. 내부고객의 필요와 욕구를 이해하는 것이 왜 중요합니까?

응용사례 연습 (9)

외부고객에 대한 분석표

1. 여러분의 외부고객은 어떤 분들이십니까? (나이, 성, 수입, 기타 특징들)

_____

_____

_____

_____

_____

2. 외부고객에게 중요한 것은 무엇이라고 생각합니까?

_____

_____

_____

_____

_____

3. 외부고객이 선호하는 것은 무엇이라고 생각합니까?

_____

_____

_____

_____

_____

4. 외부고객은 여러분에게 무엇을 기대합니까?

_____

_____

_____

_____

_____

5. 외부고객은 여러분을 어떤 모습으로 바라볼까요?

_____

_____

_____

_____

_____

6. 상기 분석내용이 외부고객 서비스 제공에 관해 알려주는 교훈은 무엇일까요?

_____

_____

_____

_____

_____

응용사례 연습 (10)

내부고객에 대한 분석표

1. 여러분의 내부고객은 어떤분들이십니까? (나이, 성, 수입, 기타 특징들)

_____

_____

_____

_____

_____

2. 내부고객에게 중요한 것은 무엇이라고 생각합니까?

_____

_____

_____

_____

_____

3. 내부고객이 선호하는 것은 무엇일까요?

_____

_____

_____

_____

_____

4. 내부고객은 여러분에게 무엇을 기대합니까?

_____

_____

_____

_____

_____

5. 내부고객은 여러분을 어떤 모습으로 바라볼까요?

_____

_____

_____

_____

_____

6. 상기 분석내용이 내부고객 서비스 제공에 관해 알려주는 교훈은 무엇일까요?

_____

_____

_____

_____

_____

사우스웨스트항공의 직원 수는 아주 적다. 따라서 초과 근무시간이 많을 수 밖에 없다.

회장은 이렇게 이야기 한다. "우리는 아주 빠듯하게 직원을 두고 있어요. 사실 비행기 1 대당 업계 평균 직원이 210명인 상황에서 사우스웨스트항공사는 비행기당 86 명을 고수하고 있습니다. 하지만 그렇게 일한데 대해 분명히 보상을 합니다. 우리는 경영 이념에서 안정적인 업무 환경을 굳게 약속했습니다. 단 한 번도 휴업이나 해고를 한 적이 없구요."

비록 이윤이나 분배, 연금 계획이 있지만 사우스웨스트 직원들은 주로 돈보다는 칭찬으로 보상을 받는다. 회장은 "우리는 직원들이 자기 업무에 자부심을 갖고 있다고 생각합니다. 저희가 원하는 것은 일을 좋아해서 일하는 것입니다. 우리는 상사가 직원들을 감독하거나 명령을 내리지 않습니다. 무엇보다 스스로 일을 하고 싶어서 하는 것이 중요하니까요" 라고 말한다.

사우스웨스트 회장은 업무를 훌륭히 수행했거나 특정한 목표에 도달했을 때 감사를 표하기 위해 직원들의 가정에 개인적인 편지를 보낸다.

"저희 회장님은 회사의 경영 이념에 대해 아주 만족스러워 합니다."

"왜냐하면 회사의 경영이념에 우리의 직원에 대한 이야기로 여섯 줄을 할애했기 때문이죠."

회장은 내부 고객인 직원들에 대한 중요성을 다음과 같이 강조한다 "저희는 고객에게 서약하기 전에 우선 직원들에게 서약해야 한다고 생각합니다. 물론 고객이 항상 옳은 것은 아니지만 그래도 그들이 옳고 우리가 잘못했는지 모른다는 생각을 갖고 편하게 고객들을 대하려면 우리가 먼저 직원들을 대우해 주어야 합니다."

내가 리더로서 내부 고객인 직원들에게 배려하는 여러 가지 포상방법 중에 직원들이 제일 좋아하는 것은 일정 금액 내에서 각자가 원하는 물건을 사주는 보너스다. 하루 시간을 내서 직원들과 그렇게 보너스 쇼핑을 하고 나면 직원들의 얼굴이 한층 밝아져있다. 나 역시 기분이 좋다.

또한 직원들과 1:1 격의없는 대화의 장을 마련한다. 직원들과의 단순한 대화 수준이 아니다.직원들의 생각과 방식을 이해하려는 시간이다. 그 시간 동안 나는 직원들의 기쁨과 행복, 상처와 고민을 읽고 공감하는 귀중한 경험을 하게된다.

나는 직원들을 110% 신뢰하고 전권을 위임한다.

직원들에게 처음부터 의사 결정과 실행까지 독립적으로 처리할 수 있도록 위임하였다.

직원의 능력 함양과 평가를 위해 직원 대상 업무지식 시험을 치루고 여러 직원이 한 직원을 평가하는 다면평가 제도를 시행한다.

직원들이 다채로운 업무 능력을 갖추고 자신감을 얻게 되면 그들 스스로가 리더가 되어 역할을 해봄으로서 만족감도 느끼고 책임감 있게 신중하게 업무를 처리할 수 있게 된다.

나는 해마다 한두 번씩 직원 가족 모두를 초청해 단막극이나 음악회 등의 공연을 관람한다.

가족의 사랑없이 훌륭한 직원은 있을 수 없기 때문이다.

추가사례 #3 － 스타벅스

스타벅스의 CEO 하워드 슐츠는 " 우리는 사람에게 서비스를 제공하는 커피산업에 종사하는 것이 아니라, 커피를 제공하는 사람 산업에 종사하고 있다"고 말하곤 한다.

스타벅스는 서비스를 제공하는 직원이 좋은 대우를 받을 수 있도록 애쓴다. 다른 유수의 기업과 비교해도 스타벅스의 이직률은 더욱 낮은데, 그 가장 큰 이유는 파트타임 직원에게 까지 제공되는 100 % 건강보험 혜택에 있다. 사실 스타벅스는 커피보다 직원건강보험에 더 많은 돈을 지불한다.

추가사례 #4 － 에버랜드 성공비결

세계7대 테마파크에 선정된 에버랜드의 성공비결은 바로 내부고객의 만족에 있다.

월마트의 회장 샘 월튼은 종업원들을 동료라고 부르는가하면 자신을 미스터 샘이라고 부르게 했다. 평등주의 속에서 내부고객을 중시하는 풍토를 만든 것이다.

내부고객이라는 말은 직원들이 곧 고객이라는 말이며 사장이 직원들에게 서비스 해야 한다는 말이다. 고객이 조금 힘들게 한다고 고객에게 비아냥거리는 투로 말을 하거나 화를 내면 고객과의 관계는 이미 끝난 것이나 다름없다. 마찬가지로 직원을 그런 식으로 대하면 직원의 마음은 회사를 떠난다. 윗물이 맑아야 아랫물이 맑은 법이다. 사장이나 관리자들이 직원들에게 서비스를 해야 직원들이 고객들에게 제대로 서비스를 한다.

페더럴익스프레스에서 취급하는 소포의 무게는 50파운드 이하로, 크기는 가로+세로+높이가 108인치 이내의 소포만 배달하는 것으로 원칙을 정하였다. 배달 소포의 규격화와 소형화를 통한 운용의 효율과 규모의 경제를 실현하자는 의미와 소형 소포 배달이라는 틈새시장을 공략하기 위한 전략이라고 볼 수 있다.

4. 서비스품질

고품질 서비스의 의미

고품질 고객 서비스를 정의 한다면 "합당한 절차와 인격적인 만남을 통해 외부 또는 내부 고객의 필요, 요구, 기대를 일관되게 만족시킬 수 있는 능력"을 말한다.

고품질 서비스의 정의에 대해 순서대로 알아보자.

서비스 품질에 대한 정의에서는 중요한 세 가지 요소가 있다. 첫째, 일관성이다. 고객 서비스에서 고품질이라는 평가를 받으려면 일관된 서비스이어야 한다. 어떤 서비스 종사원이라도 서비스 제공시 100% 완벽한 고품질 서비스를 제공하는 사람은 없다. 고품질 서비스의 핵심은 서비스 수행과정에서 성공 횟수를 늘리고, 실패 횟수를 현저히 줄여 나가는 것이다. 이런 작업을 매일 반복할 때, 실패할 확률이 아주 적거나 없어질 수 있다. 바로 이것이 일관성이다.

둘째, 고품질 고객 서비스는 서비스 제공업체의 필요보다는 고객의 기대에 의한 것이어야 한다. 그것은 내부고객과 외부고객에 초점이 맞추어져서 고객의 관점에서 설명되고 이해되어야 한다. 실제로 고객의 기대를 충족시킨다는 것이 크게 어렵지만 않다면 여러분에는 한 번 도전해 볼 만한 업무가 될 것이다. 고품질 고객 서비스란 이런 사실을 받아들이고, 도전 의지에 한 걸음 더 내딛는 다는 것을 의미한다.

셋째, 고객응대시 고객의 기대를 절차적인 면과 인간적인 면 두 가지 측면으로 나눌 수 있다. 절차적인 측면은 제품이나 서비스를 제공하는데 필요한 시스템과 진행과정으로 구성되어 있다. 이는 속성상 개성이 없는 기계적인 성격을 가지고 있다. 서비스의 인간적인 측면은 서비스 제공자가 고객과의 접촉시 필요한 자세, 행동, 말하는 기술 등을 포함한다. 절차적인 측면에 반하여 인간적인 측면은 인간의 활동적인 속성을 가지고 있다. 고품질 고객 서비스라는 평가를 받으려면, 고객의 기대에 대하여 절차적인 면과 인간적인 면을 동시에 만족시켜야 한다.

고객 서비스의 네 가지 유형

고객 서비스의 절차적인 면과 인간적인 면을 도표로 나타내면 〈그림 4.1〉과 같다. 도표 (A)-(D)에서 수직축은 서비스 절차에 대한 고객의 기대치를 나타내고, 수평축은 서비스의 인간적인 측면에서의 고객 기대치를 나타낸다.

고객과의 접점에서 고객의 기대에 부응하는 네 가지의 기본적인 유형이 있는데 오직 한 가지 도표 (D) 만이 고품질 고객 서비스의 정의를 만족하고 있다.

냉담형은 흔하지는 않지만, 절차적으로나 인간적으로 서툴고 불충분한 경우이다. 도표 (A)의 작은 면적이 보여주는 것과 같이 개선의 여지가 많다. 이런 경우, 서비스 제공자의 부적절한 절차로 인하여 인간적인 측면도 어렵게 만든다. 서비스 타이밍과 서비스업체의 기대를 맞추지 못하다보니 고객들은 많은 불편과 허탈한 감정을 느끼게 된다. 더구나 고객의 감정에 무감각해지면, 인간미 없는 냉담함에 사로잡히게 된다. 서비스 제공자는 고객에게 무관심하게 행동하게 되며, 이것은 마치 "나는 당신에게 전혀 신경쓰고 있지 않습니다." 라는 무언의 메시지를 외치고 있는 것과 같다.

절차형은 서비스 절차에서 효율성에만 치우쳐 있는 경우이다.(도표 B). 이 유형의 서비스 제공자들은 적어도 고객의 요구에 따라 합당한 일만 한다. 그들의 시간을 잘 맞추고, 효율적이지만, 서비스 제공자와 고객은 상호 냉담하고 인간미 없는 관계가 된다. 서비스는 신속하고 능률적일지는 모르지만, 고객의 인간적인 욕구에 호의적이지 못하고 무감각하다. 이러한 유형은 친밀감 넘치는 인격적 차원에서 본다면 많은 개선을 필요로 한다. 이 유형의

그림 4-1

(A)

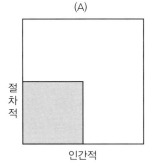

인간적

냉담형 서비스 특징

절차적:	인간적:
천천히	무딘
일치하지 않는	차갑고 비인간적인
불규칙	무감각한, 무례한
불편함	무관심

*고객에 대한 메시지 : "관심 없음"

(B)

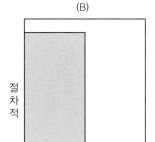

인간적

절차형 서비스 특징

절차적:	인간적:
적시의	무딘
효율적	무감각한, 무례한
비정형	무관심

*고객에 대한 메시지 : "당신은 많은 손님 중 한 명이예요, 우리는 단지 절차대로 서비스 합니다."

(C)

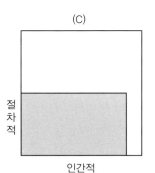

인간적

온정형 서비스 특징

절차적:	인간적:
천천히	정다운
일치하지 않는	개인적인
불규칙	배려하는
불편함	전략적인

*고객에 대한 메시지 : "우린 열심히 노력하고 있어요. 그렇지만 잘 되고 있는지는 모르겠어요."

(D)

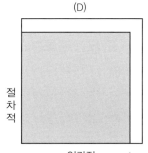

인간적

고품질형 서비스 특징

절차적:	인간적:
적시의	정다운
효율적	개인적인
비정형	배려하는, 전략적인

*고객에 대한 메시지 : "우린 많은 관심을 가지고 정성을 다하고 있습니다."

도표 A	냉담형 이것은 절차적인 면이나 인간적인 면에서 모두 부족하다. 손님들에게 "우린 당신을 신경 쓰지 않는다"라는 메시지를 전달한다.
도표 B	절차형 이것은 절차적인 서비스에서 강하고, 인간적인 서비스 면에서 약하다. 손님들에게 "당신은 숫자에 불과하다. 우린 정해진 일만 하면 된다"라는 메시지를 제공한다.
도표 C	온정형은 인간적이지만 절차적인 서비스 면에서 부족하다. 손님들에게 "우린 노력하지만, 무엇을 하는지는 정확하게 모른다"란 메시지를 제공한다.
도표 D	고품질형 서비스는 인간적인 면이나 절차적인 면에서 모두 만족한다. 손님들에게 "우린 항상 당신을 신경 쓰고 원하는 것을 전달한다"라는 메시지를 제공한다.

서비스는 고객들에게 "당신은 사람 숫자로만 보인다. 나는 여러분들을 되도록 능률적으로만 처리하겠다" 라는 의미를 전달하게 된다.

온정형 (도표 C)은 다른 측면인 인간적인 따뜻함에만 극단적으로 치우쳐 있다. 서비스가 친절하고, 진지하고 따뜻하지만 동시에 느리고, 일관성이 없고, 조직적이지도 못하다. 서비스 제공자는 고객에게 큰 관심과 세련미와 공손함을 보이지만, 절차상 불편함이 인간미 넘치는 "온화한 서비스" 라는 평판도 무색할 정도이다. (이런 형태의 서비스는 일반적으로 초보자 집단에 의해 신규 개장하여 운영되는 서비스업체에서 볼 수 있다.) 이런 종류의 서비스는 고객에게 "나는 열심히 노력하고 있지만, 내가 정말로 뭘 하고 있는지 모른다." 라는 메시지를 전달하게 된다.

고객 서비스 제공자가 노력해야 하는 목표는 가능한 한 (도표 D)에서 나타낸 바와 같이, 양쪽 부문을 최대한 만족시키는 고품질형 서비스이다. 도표에서는 거의 대부분의 영역에서 서비스가 만족스러운 것처럼 표시되어 있지만, 여전히 일부분이 비어 있는데 이는 완벽한 서비스는 불가능하거나 매우 드물기 때문에 개선의 여지가 있다는 뜻이다. 그러나 전체적으로는 서비스 제공자가 이 중요한 절차적인 면과 그리고 인간적인 면을 모두 충족시키고 있다. 절차적인 면에서는 적시 서비스, 효율성, 동일성, 일관성을 준수해야 한다. 인간적인 면에서 서비스 제공자는 고객 친화적이어야 한다. 고객 개개인에 대하여 진심어린 관심을 나타내어야 한다. 고객에게 전해지는 메시지는 "나는 당신을 보살피면서 서비스를 제공하고 있습니다." 라는 것이다.

주요개념

1. 고품질 고객 서비스의 정의는 합당한 절차와 인격적인 만남을 통해 외부 또는 내부고객의 필요, 요구, 기대를 일관되게 만족시킬 수 있는 능력이다.

2. 고객의 기대를 충족시키는 절차적이고 인간적인 방법의 기본 형태로 해서 도표로 나타내 보면 냉담형, 절차형, 온정형 및 고품질형과 같이 네 가지 기본 유형이 있다.

주요용어

일관성   고객의 기대

인간적인 면   절차적인 면

고품질 고객서비스   절차형

냉담형   온정형

학습 및 토론 과제

1. 고품질 고객 서비스의 정의에서 일관성의 개념은 얼마나 중요합니까?

2. 왜 고품질 고객 서비스에서 고객의 기대가 서비스 기업의 필요성보다 우선합니까?

3. 고품질 고객 서비스에서 고객이 기대하는 두 가지 차원은 무엇인가요? 각각의 차원은 어떻게 정의됩니까?

4. 고객이 냉담형 수준의 서비스를 받았을 때 고객의 반응은 어떨까요? 절차형 수준의 서비스는? 온정형 수준의 서비스는? 고품질형 서비스는?

서비스의 네 가지 유형과 당신

서비스의 네 가지 유형이 아래의 도표로 나와 있습니다. 각각의 서비스 유형 아래에 먼저 여러분
이 경험했던 유형의 서비스 사례를 쓰십시오. 그리고 무슨 일이 있었는지 이야기해 봅시다.

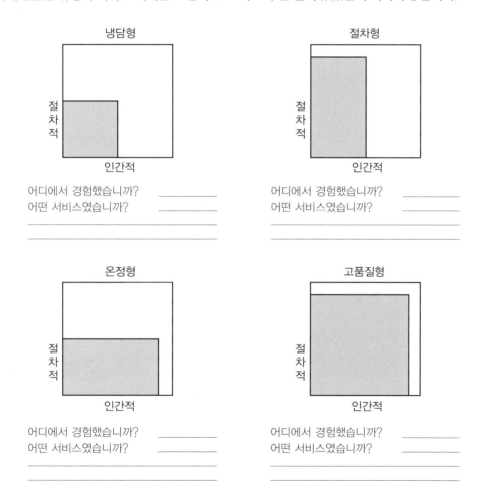

냉담형

절
차
적

인간적

어디에서 경험했습니까?　　　　_____
어떤 서비스였습니까?　　　　_____

_____

절차형

절
차
적

인간적

어디에서 경험했습니까?　　　　_____
어떤 서비스였습니까?　　　　_____

_____

온정형

절
차
적

인간적

어디에서 경험했습니까?　　　　_____
어떤 서비스였습니까?　　　　_____

_____

고품질형

절
차
적

인간적

어디에서 경험했습니까?　　　　_____
어떤 서비스였습니까?　　　　_____

_____

고객의 요구나 상황을 의식하지 못하는 직원은 고객이 요청하는 것만 해주고 바로 돌아서서 하던 일에 몰두한다. 심지어 동료 직원과 잡담을 주고받기도 한다. 그러면 고객이 정말 원하는 것을 해 줄 수 없게 된다. 고객이 원하는 것을 알아채지 못하기 때문이다.

고객감동을 창조하기 위해서는 항상 고객이 원하는 것이 무엇인지를 알아 차려야한다.

바로 옆에 있는 고객에게 조차 주의를 기울이지 못하고 고객의 행동을 의식하지 못하는 예는 다음과 같다.

● 고객이 돈을 지불하고자 한다
● 고객이 가게 안으로 들어온다
● 갑자기 고객들이 늘어나 길게 줄지어 서 있다
● 고객이 무언가를 사려고 한다
● 고객이 자신을 도와줄 누군가를 찾고 있다
● 고객이 물건을 찾고 있다
● 직원의 얼굴표정이 고객에게 영향을 미친다
● 고객이 실망한 채 가게를 나간다
● 테이블이 지저분해 다른 테이블을 찾는다
● 고객이 뭔가 질문하려고 한다
● 고객을 무시해 화가 나 있다
● 바닥에 쓰레기가 널려있다
● 고객이 지금 급한 상황이다

세실리아 에스트롭은 싱가포르 창이공항에서 고객 서비스업무를 담당하고 있다. 그녀가 하는 일은 주로 고객의 문제를 해결해주는 일이다.

비행기가 지연되었거나 짐을 분실하였거나 가방에 손상을 입었거나, 좀더 넓은 좌석으로 바꾸고 싶어하는 고객들이 주로 그녀를 찾는다. 그런데 그런 고객들은 대부분 화가 나있는 상태일 때가 많다. 그러면 그녀는 먼저 자신의 이름을 소개하며 명함을 내밀고는 고객의 이름을 물어본다. 이런 식으로 이름을 사용하면 고객과의 유대관계가 형성되면서 문제 해결이 한결 수월해진다.

추가사례 #3 ― 고품질형

자기 확신이 강한 고객에게는 특별히 어떤 말을 할 필요가 없다. 자기 확신이라는 강력한 보호막을 작동시켜 놓은 고객은 다른 사람의 의견을 받아들이지 않는다.

어떠한 조언이나 충고도 그냥 튕겨 나올 뿐이다. 그럴 때는 그냥 "예" 라는 말만 하면 된다. 백화점에서의 한 고객과의 대화

"너무 비싼 것을 사서 뭐하겠어요? 싼 것을 사다가 쓰다가 버리고 또 사야지요"

"예, 그렇지요"

"왜 싸면서도 좋은 걸 만들지 않는지 몰라."

"예, 그러게요."

"너무 싼 것을 사도 문제가 있기는 해요. 싼 게 비지떡이잖아요?"

"예"

"왜" "예"만 하세요?

"너무 옳으신 말씀만 하시니까 "예"만하게 되네요.

"이번에 한번 비싼 것 사볼까요?"

"예, 그렇게 하시지요"

.....

결국 그 손님은 비싼 것을 샀다. 자기 확신이 강한 사람들을 어설프게 설득하려고 하면 오히려 반발심을 자극해서 더욱 자기 확신을 강해지게 하는 역효과를 거둔다.

서비스 화술에서 가장 많이 사용해야할 접객 용어는 3대 경제 용어인 "예" "고맙습니다" "감사합니다"

저녁노을이 붉게 물든 바닷가에서 한 소년이 의자를 정리하고 있었다. 그때 한 남자가 나타나 오늘밤 이곳에서 여자 친구에게 프로포즈를 하겠다며 의자 두 개만 치우지 말아달라고 부탁했다.

밤이 되어 여자 친구를 데리고 그곳에 나타난 남자는 깜짝 놀랐다. 새하얀 천이 덮인 테이블 위에 빨간색의 초와 장미, 그리고 최고급 샴페인이 놓여 있었던 것이다.

그뿐만이 아니었다. 턱시도를 입은 소년이 테이블 뒤에 서서 "앉으시죠" 라며 여자 친구의 의자를 살며시 빼준다. 덕분에 남자는 멋진 프로포즈를 할 수 있었고, 그는 소년의 배려에 감동을 받았다. 이 일화 속의 소년이 남자에게 제공한 서비스는 비용이 들지 않았다. 샴페인은 판촉용 상품을 담당하는 직원에게 부탁하여 얻은 것이고 장미꽃은 파티장에서, 턱시도는 파티 담당자에게 빌린 것이다. 요컨대 남자를 배려하고 감동을 주고자했던 소년의 마음만으로 이루어진 서비스였던 것이다.

단원

Providing Quality Service

서비스의 시스템적 측면 –
서비스의 절차적인 측면

5. 서비스에서 시간이 중요하다

서비스 관련해서 고객에게 가장 먼저 떠오르는 것이 무엇이냐고 물으면 우선 시간이라고 말한다. 시간을 말할 때 우리는 일반적으로 신속함을 생각한다. 세상 모든 고객들은 서비스를 기다리면서 시간을 보내는데 인색하다. 설사 기다린다 해도 필요 이상 오랜 시간 동안 기다리는 것을 원치 않는다. 식당에서는 고객들 중 일부는 "빨리 먹고 나갈 수 있도록 해 주세요" 라는 입장이다. 패스트푸드점은 이런 신속한 식사의 필요성에 따라 생긴 식당이다. 제대로된 대부분의 식당에서는 저녁식사보다 아침이나 점심식사의 신속성에 좀 더 신경을 쓰는 편이다. 식당이나 숙박시설 또는 여행관련업체에서 기다리는 시간이 생각보다 길어지면 대부분의 고객들은 화를 낸다.

인사 시간

서비스 접점 첫 단계에서 신속한 환영인사는 아주 중요하다. 고객이 인사 받아야 하는 지점에 와 있는데 아무도 없거나 있어도 아는 체 하지 않아 막연히 서서 기다리는 것을 좋아할 고객은 없다. 서비스 제공자가 다른 고객으로 또는 다른 일로 바쁘더라도 고객이 도착하면 알아차리고 말을 건네야 한다. 간단히 "안녕하세요? 또는 잠시 기다려주세요" 라든지 친절하게 고개를 끄덕이거나 미소로써 고객을 인지하였다는 사실을 알리는 것이 중요하다. 문 앞에서, 프론트 데스크에서, 식당에서, 라운지에서 서비스가 시작되는 초기 접점에서의 신속한 인사는 서비스 제공자에게는 무엇보다 우선이 되어야 한다. 그렇지 않으면 고객들은 앉아서 기다리는 동안 내가 여기 와있는 것을 누가 알기나 하는걸까 라고 하며 의아해 한다.

서비스 시간

고객 서비스 시 첫 인사와 더불어 중요한 세 가지 타이밍이 있다. 서비스 전에 기다리는 시간, 서비스가 제공되는 동안 기다리는 시간, 서비스가 제공된 후의 기다리는 시간 등 이다.

서비스 전의 기다림

서비스 전 기다림의 첫 번째 중요한 점은 기다림에 대한 고객의 선택 범위와 한도이다. 고객이 기다릴지 말지를 결정하려고 할 때, 고객이 얼마나 많은 선택권을 갖고 있을까? 예를 들어 고객은 예약 없이 간 식당에서는 앞에 기다리는 사람들의 수나 또는 예상 대기 시간에 따라 기다릴 것인지 다른 식당을 알아 볼 것인지를 결정해야 한다.

이런 상황에서 고객은 선택의 폭은 넓어진다. 또 다른 상황에서는 분명한 선택을 내릴 수 없을 때도 있다. 예약을 하고 다정히 들어서는 손님들은 서비스를 받을 준비가 되어있는 것이다. 즉, 손님들이 이미 선택한 것이다. 예약을 했는데도 불구하고, 입장하거나 좌석을 배정받을 때까지 좀 기다려야 한다는 점을 미리 통보 받았다면, 기다리더라도 미리 알고 있었기 때문에 좀 더 오래 참고 기다리는 경향이 있다. 서비스를 받기 전에 기다리는 시간에 대한 두 번째 중요한 점은 통보받은 기다려야 하는 정확한 시간이다. 실제 기다리는 시간이 예정과 같거나 짧아지는 것이 길어지는 것보다 훨씬 낫다.

서비스 중의 타이밍

일단 서비스가 시작되면, 다음 문제는 진행 시간이 얼마나 걸리느냐 하는 것이다. 호텔 체크인에 2분, 5분 또는 10분 걸리는지, 식사를 마치는데 15분이 걸리는지, 또는 2시간이 걸리는지, 공항 터미널에서 체크인 하는데 얼마나 걸리며, 수하물 찾는데 얼마나 걸릴까? 이러한 시간과 관련된 질문에 대한 답은 (1) 서비스의 속성, (2) 서비스 단계의 수, (3) 처리해 낼 수 있는 능력에 따라 달라진다. 이 세가지 내용들이 서비스가 진행되는 시간에 대한 고객의 기대에 영향을 준다. 고객응대 중 전통적인 예가 패스트푸드점과 고급 식당을 비교하는 것이다. 대부분의 고객들은 속성상 패스트푸드점보다는 고급 레스토랑 서비스 시간이 더 많이 걸린다고 알고 있다. 또한 국제선 공항에서의 보안 검사 등 제반 절차로 국내선 또는 지역 항공사 이용시 보다 시간이 더 걸린다고 알고있다. 반면, 웬만한 숙박업소의 프론트 업무 절차는 크게 향상되어 체크인 하는데 걸리는 시간은 줄어들고, 동시에 평준화되었다. 이것은 업무 절차의 기술적인 개선의 결과이다. 이것은 다음 장에서 좀더 자세히 설명하고자 한다.

● 고품질 서비스 명예의 전당

많은 호텔과 식당은 서비스 타이밍 기준을 정하고 서비스 제공자에게 훈련시킵니다. 유명한 체인 레스토랑인 텍스멕스(Tex-Mex) 식당은 분주한 시간에 식당 문 앞에 종업원을 배치하여 손님이 오면 인사하고 즉시 식당으로 안내합니다. 국제적인 호텔은 모두 전화 벨이 세 번 울리기 전에 전화를 받도록 하고 있습니다. 파이로 유명한 어떤 패밀리 레스토랑 체인점은 여러 가지 종류의 서비스 표준을 적용하고 있습니다. 고객의 타이밍 기대를 만족시키는 것이 이 프로그램의 중요한 요소입니다.

서비스 후의 타이밍

　마지막으로, 소홀히 할 수 없는 아주 중요한 내용이 서비스 받은 후 기다리는 시간이다. 식당에서 고객들이 계산을 위해, 또는 거스름돈을 받기 위해, 호텔에서 체크아웃을 위해, 그리고 승객이 비행기에서 내리기 위해 기다리는 시간, 짐을 찾기 위해 기다리는 시간 등이 여기에 해당된다. 이러한 시간들은 대부분의 고객들이 늦어지는 것을 받아들이기 싫어하는 것들이다. 왜 그럴까? 그것은 이미 서비스를 다 받았다고 생각할 뿐만 아니라, 고객들의 마음이 다음 활동으로 이미 넘어갔기 때문에 서비스 후의 대기시간은 고객들에게는 굉장히 민감한 시간이기 때문이다. 정신적으로는 식당, 호텔 또는 공항을 이미 떠나버린것이다. 비록 참아줄 수는 있겠지만, 이 단계에서 고객 인내는 마치 고갈된 천연자원과 같다. 서비스 후의 타이밍을 잘 맞추어주고 사려깊게 관리해 주어야 하는 이유가 여기에 있다.

신속성과 타이밍

　여기에서 말하는 타이밍을 신속성과 혼동해서는 안된다. 신속성은 얼마나 업무를 재빨리 처리하는지 하는 것이다. 그러나 타이밍은 다르다. 타이밍은 주변 상황과 고객의 기대와 관련이 있어 그만큼 상대적이다. 고객의 기분, 주위 환경, 상황에 따라 고객의 타이밍에 대한 요구가 달라지게 된다. 예를 들면, 같은 레스토랑 내에서도 빠른 서비스를 원하는 사람들이 있는 반면, 여유롭게 식사하기를 원하는 사람들도 있을 수 있다, 식당에서 음식이 신속하게 제공되면 고객에게 조바심을 느끼게 할 수도 있다. 고객의 기대에 영향을 주는 다른 요인들도 있다. 일반적으로 비싼 식당일수록 고객들은 오래 기다려준다. 일인 당 10만원이나 하는 식당이 고객의 입장에서 서두른다는 느낌을 받으면, 대부분의 경우에 그 서비스는 우습게 되고만다. 손님들이 단체로 기다리거나 기다리는 동안 어떤 재미있는 일이 있으면 기다리는 시간이 짧게 느껴지게 된다. 더구나 서비스 제공자가 늦어지는 이유와 대기 시간을 알려주면 참고 기다릴 수 있을 것이다. 반면에 얼마나 더 기다려야 하는지 모르는 상태에서 무작정 기다리게 된다면, 기다리는 시간이 너무 길게 느껴지며 참기가 점점 힘들어 지게된다.

주요개념

1. 시간 관리 서비스는 인사 시간, 서비스 전 대기 시간, 서비스 중 소요되는 시간 그리고 서비스 후의 시간 등 네 가지로 구성되어 있다.

2. 타이밍과 신속성은 반드시 일치하는 것만은 아니다.

3. 타이밍은 서비스 제공 당시 상황과 고객의 기대에 따라 달라진다.

주요용어

인사 시간   서비스 후의 시간

서비스 전 시간   신속성

서비스 시간   타이밍

서비스에 걸리는 시간

학습 및 토론 과제

1. 고품질 고객 서비스에서 왜 타이밍이 중요한 요소입니까?

2. 환영 첫 인사가 왜 특별히 중요합니까?

3. 서비스에서의 세 가지 시간 요소는 무엇입니까? 그리고 각 요소를 정의하시오?

4. 서비스 후의 타이밍을 적절하게 맞추는 것이 왜 특별하게 어렵습니까?

5. 신속성과 타이밍의 차이가 무엇입니까?

6. 어떤 상황에서 서비스가 너무 빠를 수 있다고 생각합니까?

응용사례 연습 (12)

타이밍

1. 고객의 예측 대기시간과 실제 대기시간 비교

고객 서비스 업무에 종사하고 있다면, 네 가지 대기시간 중 고객 예측 시간과 실제 기다린 평균 시간을 비교해 보십시오.

고객 서비스 업무에 종사하고 있지 않다면, 저녁 식사하러 가서 기다린 시간을 생각해 보십시오. 고객의 입장에서 당신이 예측했던 시간과 실제 기다렸던 시간을 비교하십시오.

	고객 예측 시간	실제 기다린 시간
첫 인사	_____	_____
서비스 전	_____	_____
서비스 도중	_____	_____
서비스 후	_____	_____

2. 손님의 예측시간과 실제 기다리는 시간의 차이가 발생하였다면, 타이밍이 맞는 서비스를 제공하기 위해 무엇을 해야 하는지에 대해 쓰십시오.

_____

_____

_____

_____

_____

시간 관리

손님 대기시간 수용 여부는 대기시간을 어떻게 잘 관리하느냐에 달려있습니다. 전 장에서 생각했던 고객 서비스 업무에 대해 손님 대기시간 관리를 위해 무엇을 하고 있는지 알아봅시다.

1. 어떻게 고객들로 하여금 대기시간을 지루하지 않게 보내게 합니까?

_____

_____

_____

_____

2. 대기시간을 어떻게 고객들에게 전달되게 합니까?

_____

_____

_____

_____

3. 장시간 대기시간을 어떻게 고객들에게 설명해야 합니까?

_____

_____

_____

_____

4. 대기시간이 공평하다고 확신시키려면 어떤 방안이 마련되어야 합니까?

_____

_____

_____

_____

5. 혼자 온 고객이 편안하게 기다리게 하려면 어떤 조치를 취해야 합니까?

_____

_____

_____

_____

6. 위의 서비스 응대 방안중에 개선 여지가 있는 것은 무엇입니까?

_____

_____

_____

_____

7. 개선 방법을 생각해 봅시다.

_____

_____

_____

_____

디즈니랜드의 고객은 놀이시설 앞에서 1시간 이상 기다리더라도 대기 시간을 그렇게 길게 느끼지 않고 있다.

1. 디즈니랜드에서는 각 놀이시설 앞에 대기 시간을 게시하므로 고객이 얼마나 기다려야 하는지 종업원에게 문의하지 않아도 알 수 있다. 고객은 종류별로 대충 얼마씩 기다려야 하는지 알고 있기 때문에 본인에게 맞는 놀이 시설을 선택할 수 있어 수요의 분산효과도 창출한다.

2. 디즈니랜드에서는 파티션과 대기라인 변경을 통해 대기 시간이 길게 느껴지지 않게 하고 있다. 긴 직렬라인은 고객에게 지루함을 조성할 수 있으나 S 자형 대기라인이나 파티션을 통한 짧은 병렬라인은 고객대기 시간을 짧게 느끼게 해 준다.

3. 디즈니랜드는 고객 대기라인에서 놀이기구를 볼 수 있게 만들었다. 이에따라 고객은 자신이 즐길 놀이기구를 보고 있으므로 대기 시간이 길게 느껴지지 않는다.

추가사례 #2 - 대기시간이 짧게 느껴지도록 만듦

1. 식당에서 부분적인 서비스를 먼저 제공함으로써 서비스를 받고 있다고 생각하게 만든다. 또한 메뉴판을 먼저 전달하거나 칵테일 서비스를 먼저 제공하는 것은 고객에게 서비스를 받고 있다고 느끼게 만들어 준다. 또한 미리 서둘러 주문을 받음으로써 실제 테이블에 앉아 서비스를 받는 시간도 축소할 수 있다.

2. 항공기 회사에서는 대기라인 뒤에 있는 승객들에게 어느 라인에서 대기해야 빨리 서비스를 받을 수 있는지 설명하고 대기 고객에게는 미리 양식이나 서류 등을 준비할 수 있도록 도와주고 있다.

추가사례 #3 - 은행창구

은행 창구에 일 보러온 고객들은 항상 마음이 급하다. 반면 은행은 창구를 두 개 정도만 열어둔 탓에 대기 중인 고객들이 지루한 표정을 짓고 있기 일쑤다.

가끔은 더 이상 참지 못하고 화를 내는 고객도 있다. 창구 뒤에도 직원들이 여럿있지만 다들 자신의 업무에만 신경을 쓸 뿐 기다리는 고객에게는 전혀 관심이 없다.

고객 감동을 실현하고 싶다면 고객들이 길게 늘어서있는 상황을 절대 방치해서는 않된다. 그런 상황을 막기 위해 여러분이 할 수 있는 작은 활동에는 다음과 같은 것들이 있다.

- 빈둥거리며 잡담을 나누지 않는다
- 기다리는 고객을 응대하기 위해 만사를 제쳐두고 달려간다
- 동료를 불러 창구를 추가로 더 연다
- 다른 업무나 관리자를 불러내 고객의 업무를 처리하게 한다
- 기다리고 있는 고객들에게 신속한 업무 처리를 위해 최선을 다하고 있다는 사실을 알게 한다

추가사례 #4 ― 브리티시항공의 대기 고객 관리

브리티시항공은 창구에서 고객이 기다리는 시간을 조사한 결과 보통석은 7명 이내, 비즈니스클래스는 4명 이내, 퍼스트클래스는 1명 이내의 고객이 줄서 있는 것이 적당함을 파악하여 이를 달성하도록 하고 있다. 즉, 이러한 기준보다 더 많은 고객이 창구에서 대기하고 있다면 더 많은 종업원을 배정하여 대기 고객의 숫자를 줄이려고 노력한다.

추가사례 #5 ― 레스토랑 대기시간

한 레스토랑에서 10분 이내의 식사 제공을 약속하고 20분이 경과된 후 식사를 제공한 결과 고객으로부터 큰 불평을 받았다. 그러나 30분 이내의 식사 제공을 약속한 후 20분이 경과된 후 식사를 제공한 결과 고객은 무척 만족하였다. 기대치를 높힌 후 그 기대에 미흡한 서비스를 제공하게 되면 고객의 불만족은 커진다. 그러나 형성된 기대보다 높은 서비스는 좋은 의미의 충격을 제공할 수 있다.

6. 서비스의 흐름

서비스가 적절한 타이밍으로 제대로 이루어지고 있는지 여부는 서비스 업무가 진행되고 있는 동안, 서비스가 물 흐르듯 순조로움을 유지하고 있느냐에 달려 있다. 고객에게 지속적이고, 균일하며, 점진적으로 물 흐르듯 서비스가 진행되어야 이상적이다. 서비스가 효율적으로 잘 발휘되기 위한 핵심은 흐름을 잘 유지하는 것이다. 특히 바쁜 장소인 경우는 더욱 그렇다. 고객이 접하는 서비스의 품질 수준은 서비스 흐름을 일정하게 유지하는 서비스 제공자의 능력에 달려있다고 할 수 있다.

서비스 점진적 흐름을 설정하고 유지한다는 것은 대부분의 고객들이 생각하는 것보다 훨씬 어렵다. 길거리에 있는 간이 음식점이든, 대규모 연회 호텔이든, 테마 공원이든, 항공 스케줄이든 간에 고객 서비스 업무는 복잡한 시스템의 조합으로 이루어진다. 즉 여러 하부 시스템으로 세분화 있다는 것이다. 이 하위 요소들의 각 부분은 전체 시스템의 성공적인 작동을 위해 중요한 역할을 한다. 더구나 각 부분의 원활한 연동상태는 다른 요소들의 작용에도 영향력을 미친다. 그러므로 서비스 흐름에서 부분 부분의 영향력은 아주 중요하다. 이러한 서비스 시스템의 다양한 구성은 각 요소 간 섬세한 균형을 유지하고 있다. 균형이 유지될 때, 고객은 만족스러운 서비스를 받을 수 있는 있는 것이다. 어떤 곳에서든 과부하가 일어나면 균형이 깨지고, 그 결과로 고객에게는 불만족한 서비스가 제공되는 것이다.

불균형으로 인한 파급효과

아주 평범한 어느 식당에 연회를 위해 50명 손님이 일시에 몰려왔을 때, 불균형으로 인한 파급효과의 예는 다음과 같다.

많은 손님들이 순식간에 현관으로 들어온다. 주인이 그들을 맞이하고, 도착과 동시에 그들을 자리에 앉게 한다. 모든 손님들이 거의 동시에 식전 음료를 주문하였고, 바텐더는 거의 50잔이나 되는 대량의 음료 주문을 받는다. 주문량을 한꺼번에 소화하려니 시간이 걸린다. 바텐더가 경험이 없는 초보자라면, 더 오랜 시간이 걸릴 것이다. 그러다보니 연회에 참석한 고객 50명의 칵테일도 평소 보다 늦어지고, 이후에 도착한 고객들도 라운지에서 오랜 시간을 기다려야 한다. 이것이 끝은 아니다. 주방에 50명 분의 식사 주문시에도 지속적으로 파급효과가 계속 나타나게 된다.

모든 식사 주문이 동시에 이루어져야 하므로 주방은 50명 분의 전채요리 주문으로 혼잡하게 된다. 주방 요리사들은 불만을 터뜨리지만 바빠진다. 손님들은 기다리는 시간이 자꾸 늘어나 체념상태가 된다. 50명 주문이 주방을 한차례 강타한 후에 입장한 손님들은 자기 식사가 나올 때까지 더 긴 시간을 기다려야 한다. 또한 식사가 거의 동시에 끝나게 되므로 후식이나 식후 음료도 늦게 나오게 된다.

위에서 열거한 예는 고객이 일시에 들어옴으로 인해 깨진 불균형이 어떻게 서비스 흐름에 악영향을 미치는지 보여주고 있다. 이런 유사한 사례는 식당, 호텔, 테마 파크, 관광 교통 수단 등 어디에서든 매일매일 일어나고 있다. 손님들이 갑자기 들이닥친 상황 한 가지로 서비스 흐름이 끊어질 수 있다는 한 예이다. 부적절한 종업원 스케줄, 기기 고장, 음식이나 음료의 공급 부족, 신입직원, 행동이 느린 종업원, 제대로 훈련되지 않은 종업원, 예상치 못한 많은 일 등이 서비스의 흐름을 단절시키고 있다.

잠재적인 문제 발생 소지로 말미암아 분주한 상황에서, 좋은 서비스 흐름을 만들고 유지한다는 것은 상당히 어려운 일이다. 그러나 순조롭고, 조화로운 서비스 흐름을 유지하지 못한다면, 이 업체는 서비스의 품질을 유지하기가 매우 어렵게 된다. 고객 서비스가 복잡하고 상호 의존성이 크다는 것은 쉽사리 "균형을 잃기 쉽다"는 말도 된다. 어느 한 서비스 지점에서 시간을 지체하거나 하면, 시간도 맞지 않고 비효율적인 서비스가 될 수 있는 것이다.

매우 분주한 한 식당에서 여주인이 어느 종업원에게 화가나 있습니다 이런 저런 이유로 그 종업원을 싫어하게 됩니다. 그 여주인은 일부러 싫어하는 종원원의 담당 구역에 많은 고객을 배정합니다. 이렇게 되면 종업원이 손님에게 제대로 인사도 할 수없고 고객 개개인을 친절하게 돌볼 수 없게 만듭니다. 이런 일로 인해 서비스 흐름이 균형을 잃고 고객 대기 시간이 더 길어질 수 밖에 없는 상황에 처하게 됩니다.

서비스의 흐름 유지

서비스 흐름은 어느 정도 통제가 가능하다. 고객 서비스 활동이 점차 증가되는 상황에서 서비스 흐름을 유지하기 위한 기술적인 측면이 발휘되면 서비스 품질은 유지될 수 있다. 그리고 서비스의 각 단계를 병목현상이 없도록 세분화하여 실행을 하면 특정한 서비스 시점에 무리가 가지 않고 이에 따른 스트레스도 없어지게 된다. 서비스 운영 부분에서 진행단계별로 분리해서 실행 가능하게하고 증가 시키면 어느 서비스 지점에서 용량이 넘쳐 스트레스를 받는 일이 없어 진다.

서비스 흐름을 유지하기 위한 일반적인 방법 10가지를 제시하면 다음과 같다.

1. 고객의 좌석을 증감시킬 수 있는 연회장 예약 시스템

2. 대형 단체를 위한 사전 메뉴 또는 한정 메뉴 설정

3. 일정 서비스 구역 내에서의 식사 제공 순서 조절

4. 순차적으로 서비스가 진행되도록 하게하는 대기 시스템

5. 숙박 예약시 접수한 고객 정보 활용

6. 단체 여행객을 위한 사전 객실 배정

7. 발권 시 항공기 좌석 지정

8. 많은 사람이 한꺼번에 이용할 수 있는 출입문 구조 (출입구 정체 현상 방지)

9. 뒷 좌석으로부터 앞 좌석으로 채워나가는 항공기 탑승 방식

10. 객실 내 텔레비전을 이용한 체크 아웃

위의 예는 양질의 서비스를 제공하기 위한 일반적인 예이다. 그렇게 하지 않는다면, 서비스를 관리 가능한 수준으로 또는 대형 단체고객을 몇 개의 소그룹으로 분리하여 서비스를 제공해야 한다. 서비스 종사원이 위와 같은 일들을 잘 처리할 수만 있다면, 고객들은 매우 만족해 할 것이다.

● 고품질 서비스 명예의 전당

많은 식당에서는 대기 고객을 위하여 작은 호출기를 제공하고 있습니다. 이는 손님들이 본인 이름 호출을 놓칠 염려 없이, 이동하면서 쇼핑도 하고 라운지에 머물러 있을 수도 있게 합니다. 또한 복잡한 대기 구역을 완화시켜 줍니다.

캘리포니아 주에 있는 어느 유명 호텔에서는 고객이 신속하게 편리한 체크아웃을 할 수 있도록 네 가지 방법을 선택하게 하고 있습니다. 손님들은 객실에 있는 TV를 통한 체크아웃, 호텔 전화를 이용한 체크아웃, 벨 데스크나 프런트 데스크에 비치된 체크아웃 양식에 기입한 후 서명하여 남길 수도 있고, 옛날 방식대로 프런트 데스크에서 체크아웃 할 수도 있습니다.

서비스 제공자의 흐름 조절

대부분의 고급 식당에서는 서비스 담당자가 몇 개씩의 테이블을 담당하여 서비스를 제공하는 담당 서비스 구역 제도가 있다. 담당 종사원은 자기 구역의 서비스 흐름을 상당한 수준까지 조절할 수 있다. 예를 들면, 네 개의 테이블이 있는 담당자별 구역이 있다고 가정하자. 목표는 각 구역내에서 균형을 이루는 것이다. 각 테이블에서 서로 다른 서비스가 이루어 지도록 하자. 한 식탁에서는 인사하고 자리를 권하기만 한다. 다른 식탁에서는 샐러

드 코스의 중간 과정 정도로 진행되도록 한다. 세 번째 식탁에서는 전채 요리 코스를 제공하고, 네 번째 식탁에서는 후식을 끝내거나 막 떠나는 시점이 되도록 한다. 이렇게 되면 각 구역에서 균형이 이루어져 서비스가 중복되지 않는다.

담당구역 내의 자리를 어떻게 채워 나가느냐에 따라 서비스 균형을 잘 이룰 수도 있고 악화시킬 수도 있다. 그러나 구역 내 전 좌석이 한 번에 다 찼다 하더라도 능숙한 종사원은 본인 구역의 서비스 균형을 이루기 위해 개별 식탁에 대한 서비스 타이밍을 조절할 수 있다. 이러한 서비스의 달인은 어떤 식탁이 좀 더 급하게 서비스 해주기를 원하는지 즉, 신속성이 요구되는지를 파악할 수 있다. 서두르는 식탁부터 재빨리 서비스를 제공한다. 그리고는 어느 식탁이 좀 더 여유 있는 식사를 원하는지 확인한다. 와인이나 애피타이저를 주문하는 사람들, 대화에 집중하고 있는 사람들이 주로 여기에 속한다. 이렇게 하면, 식탁마다 식사 제공 시점을 조절하여 서비스 종사원은 불균형이 된 상황을 다시 균형 잡힌 상황으로 바꿀 수 있다. 자기가 맡은 구역에 있는 식탁 하나하나에 식사 과정을 서로 달리함으로써 이러한 균형을 이끌어 낼 수 있다. 이를 통하여 손님들에게는 더욱 원할한 서비스를 제공할 수 있다.

주요개념

1. 순조로운 서비스 흐름을 유지해 나가는 것이 효율적이고 타이밍에 맞는 서비스 제공의 핵심이다.

2. 서비스 시스템의 한 부분에서 차질이 생기거나 불균형이 일어나면 전체 서비스 시스템에 악영향을 줄 수 있다.

3. 서비스를 단계별로 세분화 함으로써 서비스 흐름을 유지할 수 있다.

4. 다양한 고객의 서비스 타이밍 요구에 대한 관심과 집중을 통하여 서비스 종사자는 자기 서비스 구역 내에서 서비스의 균형을 어느 정도 유지할 수 있다.

주요용어

균형

불균형에 의한 파급효과

점차 나아지는 서비스 흐름

학습 및 토론 과제

1. 서비스 흐름이 서비스 타이밍에 어떻게 영향을 미칩니까?

2. 상호 의존성이 있는 하부 서비스 시스템이 어떻게 전체 시스템 내에서 서비스 흐름에 영향을 미칠까요?

3. 병목현상이 나타나는 서비스 부분을 각 단계별로 향상시켜 나누면 전체 서비스 흐름을 일정하게 유지하는데 어떤 도움을 줍니까 ?

4. 서비스 종사원이 순조로운 서비스 흐름을 만드는데 어떤 방법들을 취할 수 있을까요?

5. 현재 항공사나 호텔에서 고객이 대기시 발생하는 병목현상을 줄이기 위해 무엇을 하고 있습니까?

서비스 흐름 유지

여러분이 현재 서비스 종사원으로 일하고 있다면, 고객의 기대를 만족시키기 위한 서비스 흐름관리를 위한 업무 수행 방법이 어떻게 진행되어야 할 것인지 대답하세요.

또는

여러분이 현재 서비스 종사원으로 일하고 있지 않다면, 호텔이나 식당에서 손님이었을 당시를 생각해 봅시다. 당신이 받은 서비스에서 어떻게 종사원이 흐름 관리를 했는지 이야기 해보세요

1. 서비스 흐름을 순조롭게 하기 위한 서비스 지역의 당당구역 배정은 어떠하였습니까?

_____

_____

_____

_____

_____

2. 서비스 종사원의 스케줄은 서비스 흐름을 어떻게 촉진시켜 주었나요?

_____

_____

_____

_____

_____

3. 서비스 흐름을 관리하기 위한 예약 접수는 어떻게 관리되나요?

_____

_____

_____

_____

_____

4. 대형단체에 대한 원활한 서비스 유지를 위해 어떤 조치들을 취하나요?

_____

_____

_____

_____

_____

5. 서비스 흐름을 원활히 하기 위해 어떤 대기 시스템이 사용되나요?

_____

_____

_____

_____

_____

6. 서비스가 제공되는 동안 서비스 종사원들은 스스로 어떻게 서비스 흐름을 조절 할 수 있을까요?

_____

_____

_____

_____

_____

7. 사전 체크아웃이나 시급한 체크아웃 같이 빠른 서비스를 요구하는 곳에 어떤 시스템이 적용되고 있습니까?

_____

_____

_____

_____

_____

8. 만약 어떤 서비스 단계에서 병목현상이 나타났다면, 이것으로 인하여 다른 서비스 단계가 어떤 영향을 받습니까?

_____

_____

_____

_____

_____

9. 서비스 흐름에 문제가 일어나는 것은 대부분 어떠한 경우입니까?

_____

_____

_____

_____

_____

10. 서비스 흐름에 문제가 생겼다면 이를 줄이거나 없애기 위해 어떻게 해야 한다고 생각합니까?

_____

_____

_____

_____

_____

추가사례 #1 – 고객참여 확대

고객의 참여가 증가할수록 서비스 제공자의 작업량이 축소된다는 원칙을 이용한 사례가 있다. 수퍼마켓에서 포장을 고객이 수행 한다면 더 적은 인원들로 하여금 계산대의 업무를 수행 할 수 있다. 보험회사에서는 공항에 카운타를 설치한 후 고객이 직접 보험 서류를 작성하고 신용카드를 이용하여 보험금을 지불함으로써 보험회사의 서비스 제공 능력을 향상시키고 있다. 미국의 일부 레스토랑은 고객이 직접 요리를 할 수 있게 시설을 갖추어 놓았다. 요리사의 수를 증가시키지 않고도 서비스 제공 능력을 향상시킨 사례이다.

추가사례 #2 – 병목현상 처리

항공기 회사에서는 대기라인 뒤에 있는 승객들에게 어느 라인에서 대기해야 빨리 서비스를   받을 수 있는지 설명하고 대기 고객에게는 미리 양식이나 서류 등을 준비할 수 있도록 도와주고 있다.

추가사례 #3 – 수요의 불균형 조정

가격 할인이나 할증을 통해 고객의 구매시점을 관리한다. 성수기의 가격과 비수기의 가격을 차별화하면 성수기의 수요가 축소되고 비수기의 수요가 촉진될 수 있어 수요의 평준화를 유도할 수 있다. 전화이용의 야간할인, 전력회사의 비수기 할인, 주점에서 초저녁시간에 싼값으로 주류를 제공하는 해피아우어, 주중의 스포츠 경기 관람 할인, 극장의 조조할인 등이 고객 수요의 불균형을 조정하는 방법이다.

추가사례 #4 – 서비스 균형 유지

서비스 제공에 소요되는 시간을 측정하여 수퍼마켓의 익스프레스 창구 같이 짧은 처리 시간을 요구하는 서비스들을 먼저 처리하는 창구들을 개설한다. 셀프서비스 음식점에서는 뜨거운 음식들을 원하지 않는 고객은 바로 계산대로 갈 수 있다. 또한 일부 음식을 고객의 테이블로 갖고 간다면 고객이 그 음식을 가져오기 위해 긴 대기라인에서 기다리는 것을 방지 할 수 있다.

추가사례 #5 − 업무시간과 장소 조정 운영

열대지방의 은행들은 낮에 고객의 방문이 별로 없으므로 여름에는 낮 2시간 동안 문을 닫고 밤에2시간 연장하여 영업함으로써 전체 근무시간은 같지만 고객의 수요를 만족시키고 있다. 일부 렌터카 회사에서는 사무실을 휴가철에 따라 옮겨서 고객을 서비스 하고 있다.

추가사례 #6 − 항공사 좌석배정 제도 개선

사우스웨스트항공은 좌석을 미리 배정하는 방식을 없앴다. 도착한 순서대로 번호가 새겨진 카드를 제공하는 것으로 보딩패스를 대체하였다. 플라스틱카드는 리사이클할 수 있다는 환경에 대한 장점을 가지고 있다. 그러나 더 큰 장점은 좌석 배정에 대한 관리업무를 단순화 할 수 있다는 점과 먼저 비행기에 들어가야 좋은 좌석을 차지할 수 있으므로 고객이 신속하게 미행기를 탑승한다는 점이다. 이에 따라 항공기 출발 시간을 단축 할 수 있어 비용도 절감 할 수 있게 되었다.

7. 예측 서비스

고품질 서비스의 또 다른 필수 요소는 고객들이 바라고 원하는 것에 대한 효과적이고 정확한 예측이다. 고객 중심의 서비스 제공자들은 서비스 흐름에 대한 불균형이나 문제점을 사전에 예측할 수 있어야 하고 예측해야만 한다. 서비스와 관련된 문제점이나 지연 요소를 사전에 예견해야 하고, 이에 대한 조치를 적시에 취해야 한다. 이 같은 상황에서 반드시 필요한 것은 적정한 인력 배치이다. 또 한 가지는 고객이 필요로 하는 요소요소에 인력을 즉각 투입할 수 있는 유연하고 탄력적인 인력운영이 가능한 서비스 팀을 구성하는 것이다.

한발 앞선 서비스의 제공

효과적인 예측이란 관련 서비스 제공자들이 고객 요구보다 늘 한발 앞서 존재하는 것이다. 서비스를 제공해야 할 고객의 수를 정확히 예상하는 것은 효과적인 예측 서비스를 가능하게 하므로 매우 중요하다. 고객의 수를 파악하기 위해서는 신뢰성과 가용성이 높은 통계 자료가 필수이다. 이와 같은 데이터를 잘 활용할 경우, 장단기별 예상 고객 수 및 판매량을 예상할 수 있을 뿐만 아니라 분기별, 월간, 주간, 요일, 시간대에 따라 다양하게 요구되는 서비스를 예측하고 분석할 수 있다.

고품질 서비스 불명예의 전당

어느 레스토랑을 이용한 고객이 이와 같이 지적했다. "지난번에 나는 아이들을 데리고 시끌벅적하고 신나는 패밀리 레스토랑에 저녁을 먹으러 갔습니다. 음식 맛은 좋았습니다만 당연

민감한 서비스 구역

확약된 예약확인서를 들고 호텔에 도착했는데 방이 없다는 얘기를 듣는 것만큼 황당한 일은 없을 것이다. 어떻게, 왜 이런 일이 일어나는 것일까? 대부분 대형 호텔들은 객실에 대한 수요 예측과 관리를 위해 컴퓨터 시스템을 이용하고 있다. 이 시스템을 수익 관리 시스템이라고 하는데 이는 특정한 날, 객실이 얼마나 판매되어질 지 예측하는 시스템이다. 호텔업계에서는 이 시스템을 이용하여 객실 판매율을 최적화하고 비용 대비 수익을 극대화 하고 있다. 이 수익 관리 시스템은 예약 취소율, 현재 점유 객실수 및 예상 체크아웃 현황, 예약상황 등 모든 것을 종합하여 최대 예약 허용량을 산출해 준다. 물론 이 시스템의 예측이 정확할 경우에는 모든 고객들의 숙박 관련 제반 필요 사항들이 충족되어 호텔측 그리고 고객 모두 만족한다. 반면에 이 시스템이 정확히 예측하지 못하여 초과 예약될 경우에는 호텔 측은 객실점유율 100% 달성으로 매출이 극대화 될지 모르지만, 어떤 손님은 예약을 했는데도 불구하고, 이용할 방이 없어 짐을 들고 떠나야 하는 난감한 상황이 벌어진다.

예측의 단서

서비스업에 종사하는 서비스 종사원은 서비스가 막 이루어지는 시점에서 손님이 무언가를 요청하기 이전에 어느 시점에 고객이 필요로 하는 것을 제공해야 하는지 효과적으로 예측해야 한다. 손님이 무엇을 필요로 하는지 예상해야 하는 것도 중요하지만, 어느 시점에 필요한 것들을 제공해야 하는지 이 또한 중요하기 때문이다. 이를 위해서, 서비스 제공자는 먼저 고객의 필요로 하는 것이 무엇인지를 예상할 수 있는 정황이나 단서를 포착해야한다. 여기에 레스토랑에서의 그 예를 몇 가지 나열하였다.

- 어린 아이를 동반한 손님이 앉으려는 식탁에는 어린이용 의자와 냅킨
- 손으로 먹는 음식에는 여분의 냅킨
- 디저트 한 접시에 두 개의 포크
- 손님이 숟가락을 떨어뜨리면 교체할 숟가락
- 음식이 많이 남아 있을 때는 음식을 싸갈 수 있는 용기
- 커피 잔이 비워지기 전에 리필

이러한 사항들은 고객이 요청하기 전에 미리 제공되는 것이 바람직하다.

● 고품질 서비스 명예의 전당

또 다른 레스토랑 고객의 평가다. "남편과 함께 샌프란시스코에 있는 작은 해산물 요리 식당을 이용한 적이 있습니다. 이때 정말 믿을 수 없을 정도의 훌륭한 서비스를 받은 경험이 있습니다. 웨이터를 부르기 위해 머리를 돌리기도 전에 웨이터가 자기를 찾을 것을 미리 알고나 있었던 듯이 내 테이블 옆에 벌써 와 있었습니다. 물잔과 와인 잔은 빌 새가 없었습니다. 매 코스마다 포크를 갈아 주었고, 여분의 레몬 조각과 함께 요청하기도 전에 빵 리필이 이루어졌습니다. 그 웨이터는 우리의 마음을 읽고 있듯이 모든 것을 미리 척척 알아서 해주었습니다. 정말 즐겁고 소중한 경험이었습니다."

숙박 관련 업계에서는 다음과 같은 방법으로 정확하고 효과적인 예측이 이루어질 수 있다.

- 세심한 프런트 직원은 가족 단위의 투숙객이 체크인할 때 즉시 청소 담당에게 연락하여 여분의 수건 준비

- 프런트 서비스 담당자는 손님이 집에서 나올 때 잊기 쉬운 여러 가지 화장실 용품들이 잘 비치되었는지 확인

　항공기 객실승무원들은 장거리 비행에서 여분의 화장실 용품과 베개, 담요가 어느 시점에 필요로 하는 지를 사전에 예상해야 한다. 또, 유·소아 승객들을 위한 유아용 화장실 용품의 수요도 사전에 예측해야 한다. 승객들의 행색, 대화내용, 걸음걸이부터 제스처, 말투뿐만 아니라 옷차림, 나이, 단체승객 여부 등 확인할 수 있는 모든 정황과 단서를 고려하여 세심하게 접근하고 거기에 맞추어 응대하여야 한다. 이렇게 축적된 경험을 바탕으로 정확하고 숙달된 예측이 이루어질 수 있다. 한발 앞서가는 서비스는 이러한 단서와 정황들을 정확히 파악하고 십분 활용될 때만이 실현 가능하다.

주요개념

1. 앞서가는 서비스는 효과적인 예측이 필수이다.

2. 숙박 관련 업계에 있어서는 객실점유율에 대한 정확한 수요 예측이 특히 중요하다.

3. 서비스 제공자들은 단서 포착 방법을 습득함으로써 좀 더 나은 예측 서비스가 가능하다.

주요용어

예측 단서

한발 앞서기

통계 관리

학습 및 토론 과제

1. 고객의 요구를 파악하는 측면에서 신뢰도가 높은 통계와 효과적인 예측은 어떠한 상관관계가 있습니까?

2. 호텔 통계 관리가 왜 민감한 서비스 분야입니까?

3. 서비스 제공자들이 효과적으로 예측했는지 여부를 어떻게 판단할 수 있습니까?

4. 과거의 경험으로 비추어 볼 때, 서비스 제공자들에게 있어서 정확한 예측을 가능하게 하는 일반적인 고객의 단서는 무엇입니까?

응용사례 연습 (15)

한발 앞섬(예측 서비스)

아래에 15가지의 고객 유형과 접하게 되는 상황을 나열하였다. 각 상황마다 예상할 수 있는 고객의 요구는 무엇입니까?
고객이 요구하기 전에 무엇을 제공하겠습니까? 공란에 서술하세요.

1. 단체 손님 _____

2. 어린이들 _____

3. 십대 청소년들 _____

4. 젊은이들 _____

5. 중년 부부 _____

6. 비즈니스 여행자 _____

7. 노인 _____

8. 장애인 손님 _____

9. 옷에 튀기 쉬운 음식을 요청한 손님 _____

10. 우리말을 잘 못하는 손님 _____

11. 시간에 쫓기는 듯한 여자 손님 _____

12. 정장 차림의 손님 _____

13. 바쁜 시간대 _____

14. 접시에 음식을 남긴 손님 _____

15. 비어있는 음료수 잔 _____

16. 경험상의 기타 단서 _____

추가사례 #1

똑같은 모양의 2개의 카운터 건너에 같은 수(2명)의 직원이 앉아있다.

은행과 개인 병원…

은행에서는 연신 앞사람의 일이 끝나자마자 눈인사를 던지며 다음사람을 호출하는 CALL을 한다. 다른 부탁을 하기가 미안할 정도다.

곧이어 들른 병원에서도 역시 줄을 서 있었는데…

앞에 사람이 서 있는데도 불구하고 서로 어제 갔었던 식당 이야기를 하고 있다.

주차 관련 문의를 하고 싶었는데 말을 끊기가 어려울 정도다.

지금 서있는 눈앞의 사람에 대한 배려가 없다는 생각이 든다.

물론 후자(병원에서의 경험)의 경우에도 업무를 처리하던 사람들이 크게 굼뜨거나하지는 않은 듯 보였지만, 앞에 서 있는 사람에 대해 집중을 해 주는 것이 좀 더 알맞은 근무자세가 아닐까 하는 생각을 했으며, 그 앞에서 서서 기다리는 내내 무시당하는 듯하여 불쾌한 기분이 들었다.

추가사례 #2

처음 가는 식당이었기 때문에 생소한 메뉴가 많았는데 메뉴에 대해 잘 숙지하고 있어 구체적인 설명으로 메뉴선정 시 불편을 해결해주었고 식사 중 앉은 자리 쪽에 해가 너무 들어 이야기를 하려 했는데 그 전에 미리 우리 자리 쪽을 살피더니 차양을 내려 주는 배려 등이 좋았다.

주문한 식음료에 대한 정확한 안내 및 고객의 불편사항을 말하기 전에 미리 조치해 주었다.

추가사례 #3

척추측만증으로 재활의학과병원에서 물리치료를 받는 50대 여성 고객은 평소 병원에 도착해서 치료 전 환자복으로 갈아 입으려하는데 환자복을 요청하니 환자복이 올려져있는 순서대로 지급되어 본인에게 사이즈가 맞지 않아 외형상으로도 보기 좋지 않았고 불편한 느낌이 들었으나 아무런 내색도 안하고 그냥 치료에 임했다.

그런데 어느 날 평상시와 같이 환자복을 요청하였는데 다른 치료사가 응대를 해주었다. 그런데 그 치료사는 환자분의 평소 옷 사이즈가 어떻게 되는지 여쭤보고 직접 환자복을 골라주어 맞는 사이즈를 권해주어 고객은 환자복에 신경 쓰지 않고 보다 가벼운 마음으로 치료에 집중할 수 있도록 하였다.

추가사례 #4

위암 수술을 앞둔 40대 남성은 오전 11시에 3번방에서 수술이 예정되어 있었으나, 앞 수술의 지연으로 인해 11시가 넘어가도 계속 병실에서 대기 중 이었다. 답답하고 걱정이 되어 담당 간호사에게 왜 수술시간이 지났는데도 안 들어가는지에 대해 물어봤다. 간호사는 알아보겠다며 병실에서 나갔고 병실에서는 환자와 보호자는 계속 대기하였다. 담당 간호사가 앞 환자의 상태변화로 인해 수술이 지연되고 있음을 알리자, 주변 환자들 역시 같은 상황의 불안한 마음을 달랠 수 있었다. 그 이후로는 많은 환자들에게 빈번히 일어 날 수 있는 상황임을 숙지하고 같은 상황이 발생되었을 때 미리 안내를 하였다.

수술을 앞둔 환자는 누구나 두려운 마음을 갖는다. 또한 의료진을 충분히 신뢰하지 못했을 때 불안감은 더 커진다. 환자는 잘 모르는 것에 대해 의료진의 지시에 따라야 하므로 신뢰와 믿음은 중요하다. 신뢰와 믿음은 환자가 궁금한 것을 미리 물어보게 하여 그에 대해 충분한 대답을 해주고 여러 차례 질문을 하더라도 몇 번 씩 되풀이해서 설명해 주어야 한다. 수술 시간이나 장소가 바뀔 수 있다는 점도 미리 알려주어 계획이 다소 변경되더라도 누군가가 항상 자신을 돌봐주고 있다는 사실과 그러한 변경이 수술 경과에는 아무런 영향을 주지 않는다는 사실을 전달시켜 고객이 심리적인 안정을 취하도록 해야 한다.

8. 의사소통

서비스 제공자들이 손님의 요구를 정확하고 효과적으로 예측하려면 여러 부문의 다양한 요소들 사이에서 의사소통 흐름이 원활하여야 함은 자명한 사실이다. 의사소통의 흐름이 원활하게 이루어지려면 메시지의 의미가 정확해야 하고, 내용이 충실해야 하며, 적시에 전달되어져야 한다. 그러나 안타깝게도 서비스업계의 현실은 의사소통이 효과적이고 원활하게 이루어지지 않고 있다. 이로 인해 발생되는 비정상 상황은 예외적인 상황이 아닌 일상적인 상황처럼 자주 발생하고 있다.

의사소통의 단절

의사소통이 원활하지 않으면 오해가 생기기 마련이고, 오해는 실수를 낳고, 실수의 결과는 항상 저품질 서비스로 이어진다. 그런데 서비스업을 이용하는 고객에게 있어서는 효과적인 의사소통이 서비스를 처음 접하며, 제공되는 서비스에 대한 첫인상을 결정하는 순간에 가장 핵심적인 요소, 또는 전부라고 여기고 있다. 성공적인 의사소통은 상호간에 이해로 연결되고, 상호간의 이해는 시스템과 절차가 제대로 작동되게 하고, 적절하게 작동하는 시스템은 궁극적으로 고품질 서비스가 실현될 수 있는 원동력이다.

문제는 서비스 제공자들에게 있어 성공적인 의사소통이 말처럼 쉽지 않다는 데에 있다. 의사소통의 전체 연결고리 중 한 가지만 잘못되어도 의사소통의 전 과정은 완전히 무너지고 만다. 의사소통의 전체 연결고리는 1) 보내는 사람, 2) 메시지, 3) 받는 사람 그리고 4) 피드백을 다 포함한다. 즉 위 네 가지 구성요소 모두가 각각 성공적이어야만 비로소 하나의 의사소통이 성공적으로 완성된다. 어떠한 이유이든 위 네 가지 구성요소 중 어느 한 가지라도 잘못될 경우 전체 고리가 끊어지고 만다.

몇 월 달이었나.... 캔자스 시의 한 호텔에 2일 날짜의 객실을 예약했다. 그러나 내가 그 호텔에 도착하고 보니 호텔에서는 예약기록이 없다고 했다. 다행히 예약 확인번호를 가지고 있었다. 프런트 데스크의 호텔직원이 내가 제시한 예약기록을 조회해 보니 컴퓨터에 2일이 아닌 22일로 예약되어 있었다. 자판상의 작은 실수 오타 하나가 고객의 엄청난 불편과 불만을 가져왔다.

어느 고객이 점심 식사 후 불만 서신을 작성했다. "나는 치킨 샌드위치를 시켰습니다. 그런데 치킨 샐러드를 갖다 주더군요. 그래서 나는 종업원에게 '치킨 샌드위치를 시켰다'고 얘기했더니 여자 종업원은 오히려 '치킨 샐러드라고 주문하셨잖아요?' 라고 하면서 자기가 치킨 샐러드로 메모한 것을 보여주었습니다. 나는 분명히 치킨 샌드위치를 주문했다고 얘기했습니다. 그랬더니 그 여자는 '손님, 정말 치킨 샐러드를 원치 않으세요?'라고 하였고, 나는 배도 고프고 너무 짜증나 그냥 치킨 샐러드를 먹겠다고 하였습니다. 먹고 나니 기분이 좀 나아졌습니다. 그래서 봉사료를 1센트나 두고 나왔습니다."

보내는 사람(송신자)에 원인이 있는 경우

의사소통 실패는 아예 처음부터 보내는 사람으로부터 잘못이 있을 수 있다. 보내는 사람이 고객이든, 서비스를 제공하는 사람이든 관리자이든 그 결과는 같다. 메시지의 잘못된 전달이다.

아래에 몇 가지 경우를 예로 살펴보자.

보내는 사람이 – – –

1. 시점을 못 맞출 때 (**예** 받는 사람이 다른 일에 몰두해 있을 때)

2. 의사소통 방법을 잘못 선택했을 때 (**예** 말 대신 글)

3. 장소 선정을 잘못 했을 때 (**예** 일대일의 사적인 장소가 아닌 여러 사람 앞의 공적인 장소)

4. 불쾌한 말투로 전달할 때 (예 받는 사람이 무시당함)

5. 의미가 명확하지 않은 단어나 부적절한 단어를 사용할 때

6. 말의 내용과 상반되는 표정이나 제스처를 사용할 때

메시지에 원인이 있는 경우

메시지 자체 또는 메시지의 전달 과정에서 혼선이 발생할 수 있다. 아래에 몇 가지 예가 있다.

메시지가 – – –

1. 너무 길다.

2. 받는 사람이 정확히 내용을 파악할 수 없을 정도로 축약되어 있다.

3. 구체적이지 않고 모호하다.

4. 완전하게 전달될 수 없을 정도로 짧은 시간에 전달이 이루어 졌다.

5. 틀렸거나 부정확하다.

6. 전달 자체가 안됐다. (예 컴퓨터의 기록손실, 메시지가 적힌 종이가 다량의 서류에 섞여 전달되지 않음)

받는 사람(수신자)에 원인이 있는 경우

보내는 사람은 잘못이 없고, 메시지 자체도 좋으나 받는 사람이 제대로 받지 못한다면 의사소통이 실패한다. 아래에 받는 사람 측에 의사소통이 실패한 원인이 있는 예 6가지를 들어본다.

받는 사람이 – – –

1. 바쁘거나, 다른 생각에 사로 잡혀 있거나, 멍하니 있을 때

2. 메시지를 잘못 이해했을 때

3. 보내는 사람에 대하여 좋지 않은 감정이 있을 때 (예 두려움, 분노, 증오)

4. 메시지가 무엇인지 다 알고 있다고 예단하여 주의를 기울이지 않을 때

5. 피곤할 때

6. 헷갈릴 때

피드백에 원인이 있는 경우

보내는 사람의 메시지가 의도대로 잘 전달되었는지 확인이 안 되는 의사소통(일반적으로 일방적인 의사전달이라 부름)은 단절되기 쉽고, 오해를 낳는다. 서비스가 이루어지는 현장에서 일방적인 의사전달이 계속 발생하는 주된 이유는 아래와 같다.

1. 보내는 사람이 의도한대로 메시지가 전달되었다고 단순하게 생각할 때

2. 보내는 사람이 메시지의 피드백 자체에 무관심하거나 피드백 받는 것을 싫어할 때

3. 받는 사람이 보내는 사람에게 피드백을 전달하지 않았거나 전달하려 했다고 해도 제대로 전달되지 않았을 때

● 고품질 서비스 명예의 전당

패스트푸드점의 서비스에 만족했던 한 고객의 말을 인용한다. "이 식당의 주문 시스템은 매우 훌륭합니다. 차를 탄 채 통과할 때 들리는 스피커의 성능이 좋아 주문 받는 소리가 깨끗하게 잘 들리더군요. 주문이 정확한지 항상 재차 확인 하더군요. 저는 이 부분을 특히 높이 삽니다. 이 사람들이 내가 주문한 내용을 정확하게 알아들었다는 확신이 서더군요. 그리고 전부 얼마인지를 창 바로 옆에서 정확하게 알려주어 계산을 미리 준비할 수 있도록 하더군요. 서비스 종업원들이 항상 즐겁고 재미있어 보입니다. 요즘 세상에 이렇게 좋은 서비스를 받는다는 게 쉽지 않은데 이 식당은 항상 그런 것 같아요."

효과적인 고객환대 의사소통

의사소통이 효과적으로 이루어지기 위해서는 여러 가지 많은 요소들이 동시에 충족되어져야 한다. 이는 결코 쉬운 일이 아니다. 하지만 고품질의 서비스가 실현되려면 의사소통 시스템이 가동되어야 할 뿐만 아니라 효율적이어야 한다. 즉 의도한대로 메시지가 그대로 전달되는 의사소통이어야 한다. 하지만 그게 끝이 아니다. 의사소통이 완벽히 종료되기 전까지는 실패할 가능성이 아직 남아 있다. 피드백 때문이다. 피드백 없이는 메시지가 잘 전달되었는지 메시지를 보낸 사람은 결코 확인할 수 없다. 바로 이것이 성공적인 의사소통, 효과적인 의사소통이 서비스업계에서 끊임없이 강조되어지는 이유이기도 하다.

고품질 서비스에 대한 고객들의 눈높이를 맞추려면 손님과 서비스 제공자 사이의 의사소통뿐만 아니라 서비스 업무에 참여하는 서비스 제공자끼리의 원활한 의사소통도 필요하다. 여기서 커뮤니케이션에 관한 모든 이론을 다 다룰 순 없다. 그 대신 손님들이 서비스 제공자들과의 의사소통에서 무엇을 바라는지, 서비스에 관련된 이들에게 일반적으로 무엇을 원하는지 20개의 예를 통해 개략적으로나마 파악해 보도록 하자.

1. 서비스 제공자는 예약 기록을 유지해야 한다.
2. 요청한 음식이 원하는 대로 조리되어야 한다.
3. 손님이 요청한 편의를 정성껏 봐 드린다.
4. 문제가 있을 때에는 성의를 가지고 경청한다.
5. 손님이 원하면 책임자가 나서야 한다.
6. 서비스를 제공자는 말할 때 명확해야 하며, 전문성이 나타나야 한다.
7. 프런트 데스크 근무자는 얘기할 때 컴퓨터 모니터를 보지 않고 손님의 눈을 본다.
8. 음식을 서비스하는 사람은 요청한 식음료를 재확인한다.
9. 프런트 데스크 근무자는 손님이 요청한 서비스를 재확인한다.
10. 손님이 원하는 피드백 시스템을 갖춰야 한다.
11. 손님이 얘기하는 사항에 귀를 기울여야 한다.
12. 손님의 메시지를 조직 내의 관련 부서에 신속히 전달해야 한다.

13. 상용 고객에게는 감사의 뜻을 전한다.

14. 손님이 바쁠 때는 빠른 서비스를 제공한다.

15. "로스트 비프는 누가 주문하셨나요?" 하고 다시 물어 보지 않고, 기억해서 서비스한다.

16. 손님이 요청한 시간이나 그 전에 서비스한다.

17. 손님이 한두 점 드시고 난 시점에 "음식이 입맛에 맞습니까?"하고 여쭈어본다.

18. '오늘의 특별메뉴'에 대해 가격과 함께 간단명료하게 설명해드린다.

19. 서비스 제공자는 음식을 드시는 손님께 원하는 대로 조리되었는지 정중하게 여쭈어본다.

20. 호칭을 사용하고, 정확하게 불러 드린다.

주요개념

1. 효과적인 의사소통은 메시지가 의도한대로 전달되었을 때 이루어진다.

2. 의사소통의 단절은 쉽게 일어나는 반면 효과적인 의사소통은 이루어지기 어렵다.

3. 완전한 의사소통은 보내는 사람, 메시지, 받는 사람 그리고 피드백이 있어야 한다.

4. 고객은 고객과 서비스 제공자 또, 서비스 제공자들 간에 원활한 의사소통은 당연한 것으로 여긴다.

주요용어

효과적인 의사소통

피드백

메시지

받는 사람

보내는 사람

학습 및 토론 과제

1. 서비스 조직에서 의사소통의 단절이 왜 예외적인 상황이라기 보다 일상적인 상황이 되었습니까?

2. 전체 커뮤니케이션 시스템에서 볼 때 원활환 의사소통이 이루어지기 어려운 이유는 무엇입니까?

3. 서비스업에서 의사소통의 단절을 어떻게 최소화 할 수 있습니까?

서비스 제공자의 의사소통

참고 : 서비스 제공자로서 또는 고객의 입장에서 대답할 수 있다.

1. 고객환대 서비스 업무에서 가장 자주 사용되는 의사소통의 수단은 무엇인가?

구두?	글?	전기신호?	몸짓?

가. 손님들과 _____

나. 서비스 제공자들과 _____

다. 부서 간에 _____

2. 단절의 가장 큰 원인은 무엇인가? 하나를 고르고, 의사소통 단절을 막을 수 있는 방법을 제시하시오.

가능한 해결 방법을 쓰시오.

가. 보내는 사람

　　1) _____ 시점　　　　　　　2) _____ 방법

　　3) _____ 장소　　　　　　　4) _____ 말투

　　5) _____ 단어 선택　　　　　6) _____ 메시지와 상충되는 몸짓

나. 메시지

　　1) _____ 너무 길다　　　　　2) _____ 너무 짧다

　　3) _____ 너무 일반적이다　　4) _____ 너무 빠르다

　　5) _____ 잘못된 메시지　　　6) _____ 전달되지 않는다

다. 받는 사람

1) _____ 바쁘다   2) _____ 이해부족

3) _____ 감정의 벽이 있다   4) _____ 내용을 예단한다

5) _____ 피곤하다   6) _____ 혼란스럽다

라. 피드백

1) _____ 원하지 않는다   2) _____ 제공되지 않는다

마. 기타 의견을 추가하시오.

_____

3. 고객은 의사소통에서 무엇을 필요로 하며, 무엇을 원하는가?

• 참고 : 고객의 필요와 바램은 종종 고품질 서비스의 두 가지 서로 다른 측면을 제시하고 있다.
  서비스 제공자로서 또는 고객의 입장에서 대답할 수 있다.

• 고객의 필요 : 고객에게 있어 무언가 필요하다는 것은 서비스가 존재하는 이유이다. 성공적인 서비스가 되려면 고객이 필요로 하는 사항을 반드시 만족시켜야 한다.

• 고객의 바램 : 고객이 바라는 사항은 고객에게 중요하다. 하지만 그것은 성공적인 서비스를 위해 만족시키면 좋지만 반드시 만족시켜야 하는 사항은 아닐 수도 있다. 그러나 고객이 바라는 사항을 제공함으로써 서비스의 경쟁력을 높일 수 있다.

가. 고객은 서비스 제공자인 여러분이 어떠한 의사소통 기법을 필요로 하는지 적으시오.
또는 여러분이 고객의 입장에서 볼 때, 서비스 제공자가 필요로 하는 의사소통 기법은
무엇인지 적으시오.
(빈 칸에 서술 하시오)

_____

_____

_____

_____

_____

나. 고객은 서비스 제공자인 여러분에게 어떠한 의사소통 기법을 바라고 있는지 적으시오. 이
러한 사항을 충족시킨다면, 여러분은 서비스 제공자로서 좀 더 경쟁력을 가지게 될 것입니
다. 또는 여러분이 고객의 입장에서 볼 때, 서비스 제공자에게 바라는 의사소통 기법은
무엇인지 적으시오.
(빈 칸에 서술 하시오)

_____

_____

_____

_____

_____

지난 달에 전자사전을 사러 **마트 **지점에 갔습니다.

종류도 많고 도무지 뭘 사야 할지 몰라 가기 전에 인터넷으로 꼼꼼히 둘러보고 대략 5분 동안 보고 있는 저에게 다른 직원들의 태도는 무관심이었습니다.

그 때 매장 안의 손님은 저 외에 한 명뿐이었는데 자기들끼리 열심히 수다를 떠는 4명의 직원들 중 한 명에게 도와달라고 말을 했습니다. 마지못해 이쪽으로 오는 떨떠름한 표정.

제가 점 찍어 둔 모델명을 말하니 '휙~'하며 반대편에 있는 컴퓨터로 가서 뭔가를 찍어보더니

직원 : 그거 2007년 모델이잖아요. 그거 품절됐잖아요~ 품절!

　　　품절이란 말은 더 이상 물건이 공급 안되어 살 수가 없다...란걸 뜻해 이해가 잘 안됐습니다.

나 : 그러면 인터넷상에서 판매되고 있는 물건은 뭐지요?

직원 : 그건 갖고 있는 사람들이 그냥 파는 거지요.

도무지 이해가 안돼서

나 : 품절이라면 물건이 더 이상 안 나오는 건데 그럼……해당브랜드 사이트에서 판매하고 있는 그 제품은 뭐에요?

직원 : 그건 거기 가서 물어보세요.

일단 제 기분은 무안하기도 하고 화가 나기도 하고……

조용히 나왔습니다.

그런데 더 화가 나는 것은 나가는 제 뒤통수에다가 대고 이러는 것이었습니다.

직원 : 요즘 신형이 얼마나 많이 나왔는데 그런 구형모델은..어쩌구 저쩌구…

혼잣말로 중얼거리는 소리였지만 저한테는 들렸습니다.

무척 많이 화가 났습니다. 무척!!

내과진료를 받기 위해 미리 예약한 것을 재차 확인 하는 전화통화 상황.

환자 : "예약 좀 확인해 주시겠어요?,주민번호 앞자리는 ○○, 이름은 ○○○입니다."

직원 : "예약 언제 하셨어요?"(예약 전화를 한 날짜를 말하는 건지 아니면 진료 예약 날짜를 말하는 건지 모호함)

환자 : "어제 6시에 했거든요."

직원 : "아니요, 어느 날짜에 진료 예약했냐고요?

환자 : "25일요."

직원 : "어느 쪽으로 예약하셨죠?"

환자 : "예? 저는 내과진료를 받으려고 했습니다."

직원 : "그날을 확인하니 예약이 안 되었는데요."

환자 : "어제 예약 전화를 했는데 왜 안 되었다고 하는 건가요?"

직원 : "이름이랑 연락처 다 말씀하신 거에요?"

환자 : "네, 다 말했는데요."

직원 : "그럼 다른 날짜에 예약하셨나 봐요."

환자 : "…"(죄송하다는 말도 없이 예약 오류를 계속 고객 탓으로 돌림.)

뇌졸중으로 입원한 60대 남성.

오전에 물리치료를 안 하겠다고 하며 침상에서 내려오지 않으려 함.

환자는"나는 오늘 치료 안할래요. 나는 쉬고 싶어요."라고 얘기하자 담당 간호사는 환자가 물리치료를 왜 거부하는지에 대해 질문을 하지 않고 주치의와 치료실에 전화를 걸어 환자가 치료를 원치 않는다고 알려준 후, 하루 동안 치료를 중단했다.

그러나 사실 해당 환자는 밤새 편마비 쪽의 저린감이 있어 잠을 못잔 상태였고, 침상안정이 필요한 상태가 아닌 물리치료와 약물치료가 적극적으로 필요한 상태였다.

9. 피드백 - 성공의 양식

서비스업에 몸담고 있는 사람들이 효과적인 의사소통 시스템을 적절히 구축하고 운영하려면 반드시 고객으로부터 여과되지 않은 생생한 피드백을 구하고 이를 잘 활용해야 한다. 고객들은 서비스업계에서 이러한 피드백을 구하고 활용하는 과정이 당연히 있으리라 기대하고, 예상하고 있다. 따라서 고품격 서비스의 필수 요소는 서비스업체가 제공한 서비스에 대한 고객들의 정확한 반응, 피드백을 찾는 것이라 할 수 있다. 효과적인 피드백 시스템을 통하여 고객들의 만족 여부, 보다 더 많은 것을 원하는지의 여부, 아니면 전혀 다른 방향의 서비스를 원하는지 파악해야 한다. 피드백은 서비스 제공자에 대한 고객의 평가이며, 보다 나은 서비스를 향해 나아갈 수 있는 길을 가르쳐준다.

고객에 대한 피드백

피드백을 구하지 않으면 문제가 발생하고 있어도 파악하지 못하고 따라서 개선될 수도 없다. 고객의 피드백은 문제를 발견하는 중요한 열쇠가 되곤 한다. 가장 시급히 개선되어야 하는 문제점이, 느린 서비스인지, 음식 맛인지, 고객의 요구를 들어주지 않는 것인지, 방의 시설문제인지, 직원의 무례함인지 정확히 파악하기 위해서는 고객의 피드백은 필수이다.

고품질 서비스 불명예의 전당

어느 호텔 프런트 데스크에 근무하는 직원은 투숙객 의견서를 받고는 거기에 불만 사항이 적혀 있는 걸 보고는 바로 쓰레기통에 버렸다.

피드백의 활성화

그러나 문제는 대부분의 고객들은 부정적인 피드백을 전달하기 꺼려한다는 것이다. 솔직한 피드백을 달라고 요청할 때 많은 고객들이 거북해하고, 당혹스러워하기 마련이다. 어떤 고객은 불만족스러운 점이 있어도 애써 무시하거나, 참고 말지, 괜히 문제를 만들어 시끄럽게 하는 자체를 싫어한다. 상용고객들 역시 자기들끼리는 불만스러운 점, 개선이 요구되는 점에 대한 대화가 활발하게 이루어지지만, 직원이 다가가 서비스가 어떠했는지 물어보면 그냥 괜찮았다고 답변하곤 한다. 또 어떤 고객들은 피드백을 전달하려 하지 않고, 침묵한 뒤에 다시는 오지 않는다. 사실, 서비스업체에 불만 사항이 한 건 접수되었을 때, 유사한 불만을 가지고 있지만 표출하지 않는 고객의 수는 약 26명이나 된다는 통계가 있다. 따라서 관건은 고객들로부터 어떻게 손쉽고 편리하게 그리고 솔직하고 여과되지 않은 생생한 피드백을 구하느냐에 달렸다.

구체적인 피드백

서비스업 특히 외식업에 종사하는 사람들은 손님들에게 "뭐 더 필요하신 거 없으세요?", "서비스 괜찮았습니까?"라고 물으면, 손님들은 의례적으로 "예, 없습니다." "예, 좋았어요."라고 대답하곤 한다. 서비스를 행하는 사람이 손님에게서 구두로 피드백을 구하고자 할 때, 첫 번째로 명심해야 하는 사항은 질문이 구체적이어야 한다는 것이다. 예를 들면, 스테이크를 주문하여 드시는 손님에게 "스테이크는 어떻습니까? 주문하신 대로 조리되었습니까?"와 같은 구체적인 질문이 바람직하다. 또 예를 들어 호텔 투숙객이 체크인 하면서 어떠한 스타일의 방을 요청했을 때, 프런트 데스크의 관리자가 몇 분 후에 투숙객에게 직접 전화를 하여 배정받은 방이 요청한 스타일의 방인지, 구체적으로 확인하여 만족여부를 확인할 수도 있다. 이와 같은 구체적인 질문을 통해 얻어지는 피드백이 정확하고 활용가치가 크다.

일대일 피드백

피드백을 구할 때, 고객에게 구체적인 질문을 하는 방법과 아울러 권장되는 방법이 일대일로 피드백을 받는 방법이다. 즉 서비스업에서 이용할 수 있는 효과적인 피드백을 얻는 경로 중 하나가 서비스업체의 관리자나 종업원이 직접 고객에게 다가가 고객들과 대화를 나누고, 서로를 알아가는 동안 친분과 인간관계가 쌓이게 되고, 이를 바탕으로 피드백을 구하는 것이다. 보다 나은 서비스를 추구하기 위해서는 이러한 방식의 직원과 고객 간의 관계형성이 업체 전 부문에 걸쳐 활성화되어야 한다.

고품질 서비스 명예의 전당

많은 서비스 업체에서는 고객 피드백을 얻기 위해 인터넷을 적극 활용하고 있다. 각 회사의 사이트는 고객들이 쉽게 접근할 수 있고, 피드백 의견 제출 경로는 사용자 편의성을 고려하여 눈에 잘 띄도록 구성하고 있다. 고객은 본인의 성향에 따라 각 항목 질문사항에 대해 체크로 응답할 수도 있고, 서술형 의견도 쓸 수 있게 되어있다. 어떤 사이트에는 소중하고 가치 있는 고객의 피드백에 대하여 답변을 통해 조치 내용, 변경 개선된 사항을 요약하여 고객들에게 다시 피드백하고 있다.

다양한 접근

고객으로부터의 피드백을 구하고 이를 활용하는 것이 진정으로 성공하려면, 서비스 제공자들이 전적으로 고객과의 대화에 의존하여 피드백을 얻는 방식만 가지고는 부족하다. 좀 더 체계적이고 과학적인 시스템을 활용해야 한다. 예를 들면, 서면 조사, 우편 조사, 전화 조사, 소수 대표자 설문 등이다. 어떤 업체에서는 종래의 방식으로 고객의 소리함을 설치하여 서비스에 대한 고객의 의견이나 개선방향을 접수하고 있다. 또 어떤 업체에서는 인터넷, 트위터와 같은 첨단 방식을 활용하고 있다. 서비스에 대한 고객의 반응과 의견을 취합하는 과정이 어떤 방식인지는 그리 중요하지 않다. 중요한 것은 고객의 관점에서 바라볼 때, 고객의 의견을 소중히 여기고 이를 활용하여 개선하려고 하는 의지와 진정성이 전달되어야 한다는 것이다. 또한 서비스 제공자들은 고객의 피드백에 대하여 열린 마음과 받아들이는 자세를 견지하는 것이 중요하다. 피드백은 처음 시행한 취지대로 내용이 어떠하든 겸허히 받아들이고 이를 수용해야 하며 소중히 여겨야 한다. 설령 피드백의 내용이 부정적일지라도 진정으로 감사하고 겸허한 마음으로 받아들여야 한다.

주요개념

1. 고객 피드백은 고품질 고객 서비스에서 중요한 요소이다.

2. 고객은 피드백을 전달하기가 편해야 한다.

3. 구두로 피드백을 받고자 할 때는 포괄적인 질문보다는 구체적인 질문이 바람직하다.

4. 가장 좋은 고객 피드백 시스템은 경로를 다양화하는 것이다.

주요용어

고객 피드백

다양한 접근

일대일 피드백

학습 및 토론 과제

1. 고품질 서비스를 제공함에 있어 고객 피드백은 왜 중요합니까?

2. 고객들은 왜 부정적인 피드백을 내놓기를 꺼려합니까?

3. 고객 피드백을 보다 쉽게 하는 방법은 무엇입니까?

4. 이 장에서 언급한 다양한 고객 피드백 방법 중에서 가장 효과적인 방법은 무엇이라고 생각하며, 그 이유는 무엇입니까?

고객 피드백

1. 서비스 현장에서 고객의 입장 또는 서비스 제공자의 입장에서 어떻게 피드백을 얻었는지 기술하시오.

가. 피드백은 어떻게 얻었습니까?

_____

_____

_____

나. 누가 피드백을 얻었습니까?

_____

_____

_____

다. 언제 피드백을 얻었습니까?

_____

_____

_____

라. 어디서 피드백을 얻었습니까?

_____

_____

_____

2. 서비스 제공자로서 근무를 하고 있거나 과거에 했다면, 서비스 개선을 위해 고객 피드백을 어떻게 활용하였습니까?

가. 누가 피드백을 봅니까? 피드백을 누구와 공유합니까?

_____

_____

_____

나. 결과는 무엇이었습니까? 무슨 일이 있었습니까? 어떤 보상이 주어졌습니까?

_____

_____

_____

3. 서비스 제공자 또는 고객으로서의 경험을 바탕으로 볼 때, 어떻게 고객 피드백을 개선할 수 있습니까?

_____

_____

_____

추가사례 #1

새로 다니게 된 피부관리실은 매번 갈 때마다 다른 피부관리사가 관리를 해주는데, 그날 저를 담당한 피부 관리사는 유독 성의가 없이 마사지를 하였고, 마사지 중 다른 관리사와 잡담을 계속하였으며 시간도 평소보다 훨씬 짧게 끝났습니다.

저는 관리를 마치고 나와 점장에게 조용한 목소리로 "오늘 피부관리는 여지껏 받아본 것 중에 제일 실망스럽다"고 말했고, 저는 점장이 당연히 사과를 할 줄 알았으나 제 컴플레인을 들은 점장은 비웃는 듯한 표정으로 "알겠습니다."라는 한마디가 끝이었습니다.

피부관리사의 불성실함보다 관리자인 점장의 대고객 응대가 더욱 불만족스러웠습니다.

컴플레인을 제기하는 고객의 말을 경청하고 죄송하다는 사과의 말을 할 줄 알았는데 의외로 그만하고 가라는 식의 표정과 말투로 "알겠습니다."라고 말한 것이 이미 1차적으로 화가 난 마음에 더욱 화가 나게 한 원인이 되었습니다.

추가사례 #2

○○병원에서는 모든 퇴원환자에게 설문지를 통한 병원 만족도를 조사하고 기념품을 전달한다. 병원에 관심을 가져 주신 것에 대한 답례로 처리결과 알림과 동시에 기념품(장바구니, 사무용품, 우산 등)을 선물한다. 또한 인터넷 접수 및 고객지원센터를 이용한 현장 접수를 이용할 때 불편한 점을 즉시 해결하고, 추후 처리결과 알림 서비스를 제공하고 있다. 그리고 고객 제언 중 개선 아이디어가 채택될 경우 환자 및 보호자는 충성 고객으로 관리해 항목별 마일리지 적용하여 분기별 또는 기념일에 기념품을 제공하고 있다.

10. 수용

적절한 편의제공을 하기 위해서는 정확한 예측과 적절한 의사소통이 필요하다. 고객은 서비스를 제공하는 측에서 고객들의 편의를 봐주길 당연히 바라고 있다. 따라서 서비스를 제공하는 절차와 체계는 매우 다양하고 복잡한 승객들의 요구에 탄력적으로 융통성을 발휘하여 적용할 수 있도록 설계되어야 한다. 다시 말하면, 고객에게 편의를 제공한다는 것은 고객들이 서비스를 제공하는 측의 엄격한 운영 방침이나 규정을 수용하는 것이 아니다. 고객에게 편의를 제공한다는 것의 핵심은 고객들의 평범하지 않은 요청사항이나 특이한 요구사항에도 긍정적인 자세와 마인드로 받아들이려고 이를 반영하기 위해 최선을 다하는 것이다. 외식업계에서 제공해야 할 수 있는 고객 편의의 예를 들어 보면 다음과 같다.

- 대규모 단체 손님이라도 고객이 요청하면 계산서를 개인별로 분리 제공한다.
- 메뉴를 선택할 때, 손님이 바라는 메뉴상의 일부 대체나 추가 또는 제외 요청을 받아들인다.
- 주문한 음식에 대한 변경도 기꺼이 받아들인다.
- 동일한 업소에서 발생한 비용의 청구는 마지막에 한꺼번에 행한다.
- 손님의 다소 특이하고 까다로운 요구라도 사정이 있는 경우 수용한다.

● 고품질 서비스 불명예의 전당

어떤 근사한 만찬에 참석했던 손님이 말하길 "아내와 함께 맛있는 식사를 막 끝냈습니다. 우리가 하나의 디저트를 둘로 나누어 먹을 수 있을지 물었습니다. 웨이터는 그렇게 할 경우 디저트 장식을 망치기 때문에 주방장이 결코 디저트를 둘로 나누어주지 않을 것이라고 대답했습니다. 그래서 하나의 디저트에 포크 두 개를 줄 수 있는지 물었습니다. 대답은 괜찮다는 것이었습니다. 그렇게 하는 것은 그 식당의 규정에 어긋나지 않는다는 것이었습니다."

늦잠을 잔 어떤 손님에 대한 일화입니다. "어느 토요일 정오였습니다. 나는 그때 막 일어나 햄과 달걀 요리를 먹고 싶었습니다. 간단한 아침 식사를 하기 위해 호텔 식당으로 내려갔습니다. 서비스 제공자는 11시 30분에 아침식사가 끝났다고 말했습니다. 그녀가 말하는 것이라고는 오로지 '죄송하다는 것'뿐이었습니다. 그래서 나는 에그 스크램블을 곁들인 햄 샌드위치를 달라고 했습니다. 11시 30분 이후에는 계란요리는 주문할 수 없으며, 더군다나 다른 음식에 계란을 곁들이는 것은 더욱 안 된다고 말했습니다. 그래서 나는 호밀 빵 위에 햄을 얹어서 먹는 것으로 끝냈습니다. '다섯 개의 쉬운 조각(Five Easy Pieces)'이라는 영화에 나오는 잭 니콜슨의 명장면이 생각났습니다. 나도 잭 니콜슨 같은 거침없는 배짱과 직선적인 성격을 지녔으면 하고 바랐습니다."

호텔업계에서는 예상할 수 있는 고객들의 특이한 요구는 다음과 같습니다.

- 특이한 형태나 구조의 객실
- 특이한 무료 제공 서비스용품
- 맞춤형 체크아웃 시간
- 애완동물 동반 투숙
- 특수한 물품의 보관
- 객실 최대 투숙 인원의 확대

고품질 서비스 명예의 전당

몇 년 전에 캘리포니아 주의 애너하임에 있는 유명한 호텔에서 모든 서비스 제공자들의 유니폼에 "대답은 무조건 예입니다. 질문은 무엇입니까?" 라고 적힌 배지를 달게 하였습니다. 이것이 고객에게 편의를 제공하는 핵심 아닐까요?

수용의 어려움

고객의 특이하고 까다로운 요구에 대해 기꺼이 편의를 제공하기는 결코 쉽지 않다. 그 이유는 일반적으로 이러한 요구를 수용하고 편의를 제공하려면, 서비스를 제공하는 자가 일상적으로 하지 않는 일들을 추가로 수행하여야만 하기 때문이다. 즉 서비스 제공자들이 고객들의 특이하고 유별난 요구를 충족시키기 위해서는 추가로 무슨 일을 해야 한다거나, 더욱 오래 해야 한다거나 최소한 불편함을 감수해야만 가능하다. 이런 이유 때문에 많은 서비스 제공자들이 고객에게 "죄송합니다만 그건 안 됩니다."라고 응대하기 마련이다. 거절하지 않으면 성가시게 되거나 힘들어져 업무량이 늘어난다. 거기에 반해 고품격 서비스 제공자들은 "예"라고 대답하면 귀찮고 힘들고 업무량이 늘어날 줄 알면서도 기꺼이 "예, 그렇게 해드리겠습니다."라고 말하고 실행하고자 한다. 서비스에서의 진정한 승리자는 고객의 요구를 수용하고 충족시키는 것을 책임과 사명으로 받아들이고 있다. 고객에게 최대한 편의를 제공하는 서비스 종사자가 된다는 것은 고품격 서비스 분야에 있어서 최고의 덕목이다.

현실적으로 모든 고객의 요구에 "예"라고 말할 수는 없다. 때로는 불가능한 사항을 요구하기도 하고 때로는 합법적이지 않은 요구를 할 때도 있다. 또한 서비스업은 보건, 위생이나 안전에 관련된 여러 제약이 따르고 있다. 그렇더라도 고객의 일상적이지 않거나 특이한 요구를 보다 긍정적으로 수용하려 할수록, 편의 제공에 대한 만족 지수는 더욱 상승할 것이며, 이로 인하여 여러분이 제공하는 서비스의 품질 수준 또한 향상될 것이다.

주요개념

1. 서비스업에서 고객들은 자신들의 편의를 봐줄 것이라고 기대한다.

2. 특별하거나 일상적이지 않은 고객의 요구에 대해 편의를 제공하기 위해서는 유연하고 융통성 있는 서비스 시스템과 서비스 제공자들이 필요하다.

3. 고객에게 편의를 제공하는 것은 고품질 서비스를 실현하기 위한 궁극적인 목표이다.

주요용어

편의제공

학습 및 토론 과제

1. 당신은 서비스업 고객으로서 업체에 특별한 요구를 한 적이 있습니까? 결과는 어떠했습니까?

2. 서비스 제공자로서 예기치 못한 요구를 받아보았습니까? 어떻게 응대했습니까? 그 이유는 무엇인가요?

3. 서비스업에서 일상적이지 않은 고객의 요청을 받았을 때 왜 "예"라고 대답하기 어렵고, 반면에 "아니오." 라고 대답하기 쉬운가요?

응용사례 연습 (18)

편의제공(Accommodation)

1. 서비스 제공자로서 또는 서비스업의 고객으로서 특정한 서비스 업체의 편의제공 시스템을 경험에 비추어 평가하세요.

회사 이름: _____

고객들이 아래와 같은 서비스를 요청할 때 아무런 조건 없이 이 회사가 제공하는 서비스를 체크하세요. 그런 후에 해당 상황을 설명하세요.

가. _____ 제품 교환

예:

나. _____ 청구서나 계산서를 개인 별로 분리하여 발행

예:

다. _____ 특제품 요청을 수용하기

예:

라. _____ 특정 요구 상품을 판매하기

예:

마. _____ 특별하거나 독특한 과정이나 절차를 거치기

예:

바. _____ 특정한 타이밍 요청에 맞추어 제공하기

예:

사. _____ 특정한 지불 방식을 수용하기

예:

아. _____ 특별한 운반 요구사항을 수용하기

　예:

자. _____ 기타

　예:

2. 이 회사가 편의를 제공할 수 없는 불가능한 고객요구는 무엇인가요? 이 요구들이 왜 수용될 수 없는가요?

_____

_____

_____

_____

_____

_____

_____

3. 이 서비스업체가 보다 더 나은 편의제공을 위해 무엇을 할 수 있을까요?

_____

_____

_____

_____

_____

_____

_____

기본요금 거리에 위치한 친정엄마 집에 가려고 아이들과 함께 이른 오전에 택시를 탔습니다. 가끔 택시를 탈 일이 생기면 잔돈을 미리 준비하고 타는 습관이 있는데, 그 날 따라 경황이 없어 확인을 못했고 도착직전에 잔돈이 없다는 것을 알게 되었습니다. 잔돈이 없어 죄송하다며 만 원짜리를 건냈더니 기사님도 잔돈이 없으시다며 괜찮다고 그냥 내려도 된다고 하셨습니다. 그럴 수는 없어서 잠시만 기다리시면 금방 올라갔다가 잔돈 준비해서 내려오겠다고 했더니 마침 기사님 가는 방향이랑 같은 방향이고 잔돈을 미리 준비 못한 자신의 책임이라며 굳이 그냥 가도 된다며 허허~웃으시며 보내주셨습니다.

★☆ 만족 요인

❶ 택시기사님들은 대부분 가까운 거리 이용 승객이 만 원짜리를 내면 조금 짜증스런 태도로 나오는데 그 분의 표정에서는 전혀 그런 표정이 없고 온화함 그 자체였음.

❷ 방향이 같다고 말씀하셨지만 제 마음 편하라고 하신 말씀이실 뿐이고

❸ 사실 어떻게 보면 잔돈을 항상 갖고 다녀야 하는 쪽은 기사님들 쪽인데 미안해하는 저에게 자신의 책임이라고 웃으면서 말씀해주시는 너그러움에 마음이 따뜻해짐.

❹ 아이들도 어쩔 줄 몰라 하는 엄마에게 따뜻하게 대해주시는 고마운 할아버지에 대한 기억이 남았는지 시간이 흐른 뒤에도 가끔 이야기를 함.

중증 장애인으로 재가 서비스를 받기위해 자택으로 퇴원하는 60대 남성이 퇴원 시 자택으로 차량지원 서비스를 원하였으나 병원의 규정 상 퇴원환자의 차량지원이 불가하다. 원내 규정이 타 병원 외래진료 및 입원 시에만 차량지원이 무료로 가능하기 때문이다. 시청에서 운영되는 장애인 콜택시를 이용하려 했으나 현행법 상 중증 장애인은 발병일로 6개월 경과 후 장애등급을 받을 수 있다. 이 환자의 경우는 장애등급이 발행이 안 된 시점이라 자택으로 갈수 있는 방법이 자가용이나 택시를 이용하는 방법인데 중증 장애인이다 보니 오랫동안 앉아있는

자세가 쉽지 않아 병원 엠블런스를 이용할 수밖에 없는 상황이었다. 규정상으로는 불가능한 사례였으나 타 이송차량이 불가능할 것으로 판단되어 무료로 차량지원을 해주었다.

추가사례 #3

21일 새벽 홍콩발 인천행 **608편으로 한국에 돌아오는 길이었습니다. 탑승을 하자마자 렌즈를 착용한 눈이 충혈되면서 너무나 아파오더군요. 렌즈를 빼려 했지만, 리뉴용액과 렌즈케이스를 수하물에 담아 탁송했던 지라 무척 당황했습니다. 물론 기내에서 제공받을 수 있는 서비스용품 중에 렌즈케이스나 렌즈 보관액이 없는 줄 알지만 마땅히 방법이 없어 혹시라도 도움 받을 수 있을까, 정말 아무 기대 없이 객실승무원에게 도움을 청했습니다. 승객 탑승이 막 끝나고 이륙을 준비하던 때라서 무척이나 바빴을 텐데도, 승무원 중에 리뉴용액을 가지고 있는 사람이 있는지 알아봐 주시겠다며, 친절하게 답변해 주셨습니다.

이륙하고 10분쯤 지났을까요? 전 이미 포기한 상태로, 조심스레 잠을 청하려던 찰나, 정말 믿을 수 없는 상황이 발생하더군요.

한 손에는 리뉴용액, 한 손에는 렌즈케이스를 대신할 기내용 플라스틱 컵 2개를 들고 나타나시는 겁니다. 그것도 컵 하나에는 렌즈 담을 때 헷갈리지 않도록 "L"이라는 글자를 써서 붙이신 채 말이죠.

정말 너무너무 감사했고, 천사처럼 느껴졌습니다.

추가사례 #4

같은 병실을 사용하는 환자분들께서 사소한 문제로 큰소리로 말다툼을 하고 소란을 피운 사건이 발생했다. 모든 환자분에게 입원 시 입원생활안내를 설명해 드리고 있으며, 병실내의 환자분들 사이의 다툼이 있을 시에는 직접적인 원인제공과 타인과의 관계에 있어서 부적응 및 문제 환자로 판단될 경우는 병실전동을 원칙으로 하며 2차례 이상 같은 사유로 경고 조치가 있을 시에는 병실생활 부적응으로 판단되어 퇴원권유를 한다. 그러나, 이 경우에 있어서는 환자분들이 서로 사소한 오해로 인한 말다툼으로 쌍방이 화해를 하였으며 병실전동이 있을 시에 새로운 환경에 대한 부적응이 발생될 수 있을 가능성이 높은 환자군으로 1차경고만 이루어 진 후 병실 이동은 없었다.

저는 인천공항 세관 직원입니다.

제가 하는 일은 승객과 승무원들이 입국할 때 세관신고서를 접수하고 검사여부를 지정하는 것입니다. 칭송할 일은 다름이 아니라, **년 7월 1일 12:00 경에 **123편으로 북경에서 도착한 어떤 할머니와 손녀가 세관신고서를 작성하지 않아서 신고서 작성대로 돌려보냈는데, 나중에 세관라인을 통과할 때에 보니 **항공 승무원이 그 할머니의 카트를 대신 밀고 오면서 자신의 신고서와 함께 제출하는 것이었습니다.

알아보니, 할머니가 작성할 줄 몰라서 오래 헤매는게 보여서 자신이 작성을 도와드릴 겸 짐수레도 같이 밀고 온 것이었습니다. 다른 중국 항공사 승무원들은 옆에서 보고도 아는 채도 안하고 자신의 신고서만 제출하고 나가기 바쁘던데, 자기 회사 승객도 아닌 할머니와 손녀 일행에게 이해관계를 떠난 봉사와 배려로 사랑을 베푼 승무원을 칭찬하고자 합니다.

우리 사회의 빛과 소금 같은 그분에게 많은 격려 바랍니다.

III

단원

Providing Quality Service

서비스의 인간적인 측면-
인간적인 서비스 제공

11. 고객의 기본적인 네 가지 욕구

이 책의 이후의 장들은 고객들이 개인적으로 무엇을 원하는지와 같은 서비스의 인간적인 면에 초점을 맞추고 있다. 고품질 서비스의 절차적 차원과는 대조적으로 인간적 차원은 인간의 사고뿐만 아니라 태도, 감정과 느낌, 다시 말해서, 여러분의 인간성과 고객의 인간성 등을 포함한다. 바로 이러한 본질적인 인간성은 기본적인 네 가지의 고객 욕구로부터 나온다. 어느 정도의 차이는 있으나, 손님을 맞이하는 산업의 모든 고객들은 이 욕구를 가지고 있다. 그런 이유로 기본적인 네 가지 고객의 서비스에 대한 욕구를 이해하고 올바르게 개념을 파악하는 것이 고객들의 행동과 태도의 근원을 이해하고 파악하는데 중요하다. 더구나 고품질 서비스의 기본을 찾을수 있는 곳이 바로 고객 자체로부터 라는 것이다. 요약하면, 이 책에서 논의되는 고객의 기대에 대해 앞으로 나오는 모든 설명에는 이 네 가지 욕구가 기초가 된다. 네 가지 고객 서비스 욕구는 다음과 같다.

1. 이해 받고자 하는 욕구
2. 환영 받고자 하는 욕구
3. 편안 하고자 하는 욕구
4. 존중 받고자 하는 욕구

이러한 네 가지 욕구가 매우 중요하기 때문에 하나하나에 대해 좀 더 자세하게 다룰 필요가 있다.

이해 받고자 하는 욕구

이 특별한 고객 욕구는 고품질 서비스의 절차적 차원에서 설명했던 의사소통 체계의 대화소통 차원보다 높은 차원에 있다. 절차적 차원에서 효율적인 의사소통을 더 원활히 할 필요도 있지만, 그 안에는 감정적으로 이해 받고자 하는 고객의 욕구가 깊게 숨어 있다. 이러한 욕구를 충족시키려면, 서비스 제공자들은 특별한 주의가 필요하다. 서비스 제공자들은 분명한 메시지를 주고 받는 것뿐만 아니라, 손님들과 '공감대 형성'이 이루어지도록 해야 한다. 이렇게 하려면, 손님들과 공감대를 형성할 수 있는 능력과 같은 특별한 감성이 필요하다. 이는 감정 수준에서 고객과의 관계형성을 의미하는 것으로 여러분이 손님들을 즐겁게 하고, 동시에 그들로 인해 여러분도 즐거움을 느끼는 것이다. 이 욕구를 충족시킨다는 것은 서비스 중 일어나는 일을 손님의 시각에서 볼 수 있다는 것을 의미한다. 이것을 감정이입이라 한다. 감정이입을 할 수 있는 능력은 감성으로 고객을 이해한다는 것을 나타낸다. 고객을 이해하기가 단순치 않은 것은 그들의 말 자체가 그들이 말하고 싶은 진짜 이유를 나타내지 않는 경우가 있기 때문이다. 능숙한 서비스 제공자라면, 손님들을 완전히 이해하기 위해서 전달하고자 하는 실제의 의미를 찾아내야 한다. 여러분이 이러한 것을 잘 할 수 있을 때 올바로 가고 있는 것이다.

환영 받고자 하는 욕구

서비스를 받는 고객들은 그들이 겉 돌지 않고 함께 하고 있으며, 그들에게 서비스를 제공하는 당신이 그들을 만나 행복감을 느끼고, 그들의 존재 자체가 당신에게 중요하게 비쳐 지는 것을 느끼고 싶어한다. 여러분이 대하는 자세나 사용하는 단어와 어감을 통해 고객들은 환영 받는다고 느낄 수도 있고, 환영 받지 못한다고 느낄 수도 있다. 많은 손님들은 처음으로 환대를 받는 상황에 접하게 된다. 그들은 정도의 차이는 있으나 어느정도 위축 될 수도 있고, 적절하게 옷을 입었는지, 올바르게 행동하는지에 대해서도 자신을 가지지 못 할 수도 있다. 더구나 이런 저런 개인적인 불안감이 그 상황을 훨씬 더 심각하게 만들 수 있다. 이러한 상황에서 여러분의 일은 손님을 편안하게 만들어 드리는 것이다.

당신의 목소리 높낮이가 손님을 안심시킬 수 있는 알맞은 정도가 되어야 한다. 필요시에 도움을 주고 의문 사항에 대답해야 하고, 인내심을 가지고 작은 부분까지 세세하게 설명해 드려야 한다. 어떤 일이 진행이 되고 있고, 또 어떤 일이 진행될 것인지 손님들이 알고 계시게 해야 한다. 어떠한 손님도 어색하거나 불편함을 느끼지 않도록 해야 한다. 여러분이 그들을 만나게 되어 기쁘다는 것을 느끼게 하자. 간단히 말하자면, 그들이 환영받는다고 느끼게 하는 것이다.

편안 하고자 하는 욕구

식사, 숙박, 클럽, 테마 공원이든 여행이든 간에 고객을 맞이하는 서비스 산업은 편안함과 연관이 된다. 그러나 편안함이라 함은 전통적으로 안락한 좌석, 객실, 침대, 조명, 주변 환경 등과 같은 물리적인 관점에서 고려되어 왔다. 이러한 것들은 고객 서비스 부분에서 중요한 유형적인 요소이다. 그러나 이 책에서는 무형적인 서비스 부분에 초점을 맞추고 있다. 그렇다면 편안 하고자 하는 욕구를 어떻게 충족시킬 수 있을 것인가?

여기서 논의되고 있는 편안 하고자 하는 욕구는 심리적인 편안함을 말한다. 이것은 고객들이 적절하게 보살핌을 받을 것이라는 확신과 여러분이 그들의 욕구를 충족시킬 것이라는 확신감이 서로 연계되어 있다. 이 욕구는 환영 받고자 하는 욕구의 연장이다. 이는 소속감에 대한 욕구를 넘어서서 전적으로 보살핌을 받고자 하는 욕구이다. 깔끔하게 진행되는 서비스를 원하는 고객의 욕구에는 말끔한 서비스, 걱정 거리를 만들지 않는 서비스, 스트레스 주지 않는 서비스, 그리고 마음 쓰이게 하지않는 서비스 등과 연관이 된다. 따라서 모든 고객에게 이러한 분위기를 창조해 내는 것이 고객을 맞이하는 서비스 제공자로서의 당신의 임무이다. 이것은 결국 고객을 응대한다는 것은 안락함과 즐거움이라는 심리적인 분위기를 조성한다는 것을 의미한다.

존중 받고자 하는 욕구

이것은 아마도 기본적인 네 가지 고객 서비스 욕구 중에서 여러분이 고객을 맞이하는 서비스 제공자로서 가장 쉽게 이해하는 욕구일 것이다. 왜 그럴까? 모든 고객들은 중요하며, 또 그렇게 느끼고자 하는 욕구를 가지고 있기 때문이다. 이것은 우리 모두가 가지고 있는 근원적인 인간의 이기심(ego)을 반영한다. 우리 모두는 특별하고 중요하게 여겨지기를 원한다. 그렇기 때문에 고객을 응대할 때는 어떤 경우에도 고객이 모욕감을 느끼거나, 경시되거나 또는 당혹스럽다고 느끼도록 만들지 말아야 한다. 그리고 일부 고객들은 다른 사람들보다 더 강한 이기심(ego)을 가지고 있다. 일부 고객들은 '자아 발작(ego stroke)'이라고 부를 정도로 강한 이기심을 가지고 있어서 좀 더 특별한 관심을 기울여야 할 필요가 있다. 이러한 정도의 서비스를 하는 것에 대해 해야 할 일이 많아지는 것으로 간주하지 말아야 하며, 오히려 고객을 맞이하는 서비스 제공자의 당연한 임무의 연장선에서 받아들여야 한다. 고객 서비스에 지불하는 가격이 비쌀수록, 비싼 가격을 지불한 손님들의 존중 받고자 하는 욕구도 훨씬 커지는 것이 고객 서비스 산업의 또 다른 현실이다. 가장 비싼 가격을 지불하는 손님들은 받는 서비스가 무엇이든 상관없이 (의식적으로든 무의식적으로든) 그 서비스에 자신이 지불했다는 능력을 인정받고, 존중 받기를 원하고 기대한다. 대다수의 경우에 그들은 차별화 된 대접을 받기 원한다.

그들은 차별화 된 대접을 받을 만한 위치에 있다고 느낀다. 고품질 서비스를 제공한다는 것은 이러한 욕구들이 존중되어야 한다는 것을 의미한다. 그러나 이러한 욕구를 부자, 또는 저명인사에 한정지어 충족시킬 수도 없고, 그렇게 해서도 안 된다. 경제적인 수준이나 사회적 신분과 상관없이, 그리고 돈과 상관없이 모든 손님들은 받들어 모셔져야 한다.

각각의 서비스와 모든 서비스가 시작되는 대면의 순간, 즉 진실의 순간(moment of truth)에 마주대하는 모든 고객들은 우리의 존재 이유가 된다. 모든 사람 한 분 한 분이 중요하다. 이에 대한 이해가 고객 서비스를 바라보는 관점의 핵심인 것이다.

주요개념

1. 고객이 바라는 네 가지 기본적인 서비스에 대한 욕구는 모든 고객 서비스 기대를 충족시키는데 필수적인 역할을 한다.

2. 이해 받고, 환영 받는다고 느끼고, 편안하고 하고자 하며 귀하게 대접받고자 하는 손님들의 욕구가 고객 서비스에 나타난다.

주요용어

고객 서비스 관점	자아
감정이입	심리적 편안함
공감대	감정적 동화

학습 및 토론 과제

1. 네 가지의 기본적인 고객 서비스 욕구와 관련하여 특별한 점이 무엇입니까? 고품질 고객 서비스를 제공하기 위해 그들은 어떤 역할을 합니까?

2. 이해 받고자 하는 욕구가 어떻게 절차적 고객 서비스에서 말하는 의사소통의 범주를 넘어서 생각해야 합니까?

3. 환영 받고자 하는 욕구가 고객의 불안감이나 위축감과 어떻게 관련되어 있습니까?

4. '심리적 편안함'이라는 용어는 무엇을 의미합니까? 이런 고객 욕구를 어떻게 충족시킬 수 있습니까?

5. 고객 서비스에 지불하는 가격이 비쌀수록, 왜 존중 받고자 하는 욕구가 더 두드러집니까?

6. 기본적인 네 가지 고객 욕구를 모두 충족시키는 것이 고객 서비스를 지향하는 관점과 어떤 연관이 있습니까?

네 가지의 기본적인 고객 서비스 욕구

고객을 맞이하는 서비스 제공자로서 기본적인 네 가지 고객 서비스 욕구 하나 하나를 처리하기
위해서 여러분은 무엇을 할 수 있습니까?

1. 고객이 이해 받는다고 느끼도록 하기 위해 나는 다음을 할 수 있습니다.

_____

_____

2. 고객이 환영 받는다고 느끼도록 하기 위해 나는 다음을 할 수 있습니다.

_____

_____

3. 고객이 편안하게 느끼도록 하기 위해 나는 다음을 할 수 있습니다.

_____

_____

4. 고객이 존중 받는다고 느끼도록 하기 위해 나는 다음을 할 수 있습니다.

_____

_____

추가사례 #1 — *인천국제공항의 승객이 원하는 것을 우선하는 서비스*

세계 170여개의 공항 중 인천국제공항은 6년 연속 만족도 1위 공항으로 선정되어 새 역사를 쓰고 있다. 선정 이유 중 하나는 승객의 출입국에 소요되는 시간이 여타 공항보다 훨씬 짧다는 것이다.

인천공항공사는 각 항공사로부터 다음날 출항 또는 입항 예정승객의 인원을 받아(승객 예고제) 통합하여 산출한 후, 출입국 관계기관에 전해 준다. 이들 기관들은 시간대별 예상승객을 감안하여 필요인원과 창구를 재배치, 수속에 소요되는 시간을 단축시키는 것이다.

추가사례 #2

일본의 아키타라는 크지 않은 도시의 모리다케 온천 호텔 식당에서의 서비스 사례이다.

호텔 식당에서 저녁에 일식 정식을 주문하여 식사를 하고 있는 중 식당 지배인이 다가와 묻는 것이다.

"혹시 숟가락이 필요하신지요?" 일본 식사는 젓가락만 사용하여 숟가락이 없었던 것이다. "네, 필요하네요." 하자 숟가락을 가져다주었다. 다음날 아침 식사를 하려고 그 식당을 다시 찾으니 지배인이 맞으며 테이블로 안내를 하였다. 그 테이블에는 수저가 이미 놓여있는 것이었다.

12. 서비스 태도

어떤 일을 수행하건 간에 인간관계가 포함된다. 인간관계가 요구되는 일은 많지만, 고객 서비스 담당자보다 더 효율적인 대인관계 능력이 요구되는 일은 없다. 여러분이 상대방을 대하는 태도에 따라 대인 관계의 성공 정도가 대체로 결정되듯이, 여러분이 고객을 대하는 태도가 서비스 품질에 직접적으로 영향을 미치게 된다. 특히 서비스가 시작되는 상황에서의 과장된 태도는 다른 사람들에게 보여주려는 본래의 의미 전달이 제대로 되지 않기도 한다. 그렇듯이 서비스 제공자의 모든 움직임이나 말하는 단어는 태도에 의해 본래 의미와는 다르게 전달되기도 하는 것이다.

서비스 제공자들의 태도는 대인 관계에서의 숙련도를 나타내는 지표일 뿐만 아니라, 나아가서 기본적인 네 가지 고객 서비스에 대해 고객이 기대하는 욕구를 충족시키는 정도를 가름하는 지표도 된다. 그러나 태도가 가지고 있는 어려운 점은 태도를 눈으로 보듯 알아채기 힘들다는 것이다. 태도는 마음의 상태, 내적 감정과 사고 등인데 자신들의 행동이나 말을 통하여 형태화 되어 표현된다. 다시 말해서, 태도는 단지 행동과 대화같은 표현에 의해서만 나타난다. 태도가 이런 방식으로 전해지기 때문에 고객들은 그들이 받는 서비스의 품질을 평가 할 때, 외적 표현을 중요한 단서로 이용한다.

태도 : 몸짓 (Body Language)

손님에게 전해지는 태도의 한 방식은 몸짓이다. 실제로 두 사람 사이의 일상적인 대화에서 생각과 감정을 보여주는 무언의 방식인 몸짓, 즉 행동과 자세가 전체 메시지의 50% 내지 70%를 전달한다고 의사전달 전문가들은 주장하고 있다. 전달하려는 의미 중의 많은 내용이 실제로 눈의 움직임, 손 동작과 자세 등과 같이 언어가 아닌 방식에 의해 표현된다. 몸짓은 한 사람이 전달하고자 하는 내용 중의 많은 부분을 보여주기 때문에, 고객들은 몸짓에 관한 지식을 이용하여 서비스 제공자가 고객에게 무심코 드러내는 메시지를 해석할 수 있게 된다.

얼굴 표정은 천 마디의 말을 대변한다. 얼굴 표정은 고객들에게 당신이 긴장을 풀고 잘 준비되어 있는지, 아니면 서두르거나 급한지를 알려준다. 얼굴 표정은 '세상에 대해 한 개인을 대표하는 상징'이라고 불리어 왔다. 얼굴 표정은 말하지 않으면서도 기분, 자세 그리고 감정의 상태를 전달한다. 당신이 당신의 일을 좋아하면 얼굴 표정에 나타난다. 반면에 긴장된 입술, 주름진 이마, 그리고 차가운 눈빛은 아마도 무엇인가가 제대로 진행되고 있지 않다는 것을 고객에게 이야기하게 될 것이다. 이러한 부정적인 표정은 결국 고객들에게 좋지 않은 기억을 심어주게 된다.

당신이 짓는 **미소**는 멋지게 보인다는 사실을 알아야 한다. 그러나 서비스 제공자들은 기계적으로 일 하기에 바빠서 미소의 중요성에 대해 잊어버리는 경우가 일상화되어 있다.

일에 정신이 팔려서 미소를 쉽게 잊어버릴 수도 있지만, 즐겁고, 자연스럽고, 편안한 미소는 공감대를 만드는 최고의 방법이다.

시선 맞추기(eye contact)는 또 다른 중요한 몸짓의 하나이다. 고객과의 시선 맞추기는 성실, 관심 그리고 신뢰를 표현한다. 반면에 시선을 피하는 것은 무관심과 불성실을 반영한다. 손님이 서비스 담당자를 불렀을 때, 그가 와서는 손님은 거들떠 보지도 않고, 객실 내에 있는 이것 저것에만 눈길을 준다면, 이처럼 손님을 당혹하게 하는 것은 없다.

시선 맞추기는 고객과의 상호작용에서 중요하지만, 특히, 어떤 문제나 불평사항이 발생했을 때 더욱 중요하다. 고객의 문제에 대해 서비스 제공자들이 전혀 관심을 기울이지 않고 있다고 나타내는 최상의 방법은 바로 시선을 피하는 것이다. 시선을 피하는 것은 고객을 무시하거나, 그 문제로 인해 본인에게 불똥이 튀지 않게 하려는 방법으로 밖에는 보이지 않는다. 고객의 불평을 다루는 경우, 이러한 방법은 방어를 하는 것처럼 보이지만 분명 좋지 않은 방법이다. 반면에 여러분이 고객의 눈을 똑바로 응시하고, 사과하며, 모든 일이 올바르게 되도록 하겠다고 약속한다면, 적어도 그 상황에 대한 고객의 기분은 풀어질 것이다.

손과 몸의 움직임은 말 없는 의사소통 방법의 또 다른 형태이다. 당신이 팔짱을 끼고 있다면 대화하기가 내키지 않다거나, 어떤 식으로든 자신을 방어하고자 하는 마음을 나타낸다고 보일 수 있다. 팔을 아래위로 흔드는 것은 불안, 불편함과 흥분을 반영한다. 손가락질, 주먹 흔들기 그리고 깍지 낀 주먹도 역시 부정적인 신호를 보내는 것이다. 이러한 몸짓 중 어떤 것도 고객에게 긍정적인 서비스 기억을 남기지 못한다.

구부정한 걸음걸이나 질질 끄는 발걸음은 자신감과 자기수양이 부족하다는 인상을 주거나 완전히 지쳐있다는 인상을 주게 된다. 대조적으로 몸을 똑바로 세워 침착하고 활기찬 걸음걸이로 걷고, 자연스런 몸동작과 자세를 갖추면, 자신감과 열정을 지녔다는 인상을 심어주게 된다.

적합한 몸단장은 고객에 대해 관심을 가지고 있다는 태도를 나타내는 또 다른 방식이다. 고객을 맞이할 때, 깨끗한 얼굴, 손톱 및 복장 등은 지켜야 하는 최소한의 기본이다. 이러한 기본에도 못 미친다면 전혀 봐줄 수 없는 것이다. 그냥 지나칠 수도 있는 일이나, 머리에 연필을 꽂고 있거나, 어떤 식으로든 얼굴, 코 또는 머리를 만지지 말아야 한다는 것 역시 중요한 사항이다. 이런 행동은 정돈되지 못한 태도를 전달하는 것이고, 더 나아가 기본 건강과 청결기준에 대한 관심이 결여되었다는 것을 나타낸다.

개인에게 관심을 보이는, 그리고 친근감을 주는 몸짓은 그저 평범한 고객 서비스였는지, 또는 특별히 기억에 남는 고객 서비스이었는지와 같은 큰 차이를 만들 수 있다. 우리는 말없는 몸짓으로 고객들에게 무엇을 나타내고 있지는 않은지 인식하고 이해할 필요가 있다. 우리의 몸짓으로 환영하고, 받아들이며, 기꺼이 들어주고, 고객의 안녕과 평안에 관심있다고 표현하는 태도는 고객들에게 고품질 서비스 경험을 심어주기 위해 노력하고 있음을 보여주는 것이다. 이와 같은 긍정적인 형태의 말없는 의사소통이 긍정적인 언어로 보완되고, 강화된다면 서비스 품질 개선에 좋은 결과를 만들어낸다.

고품질 서비스 불명예의 전당

지역 전문대학 서비스 학부의 한 학생이 하계 인턴사원으로 해변에 있는 사설 클럽에서 수건, 해변용 의자나 양산을 나누어주는 일을 담당하게 되었다. 그 일에 종사한 후, 일주일이

지나자 그 클럽의 총 지배인은 회원들과 동료 서비스 종사자들로부터 그 학생에 대해 비슷한 불평들을 듣기 시작했다. 그 인턴 학생은 입만 벙긋하면 부정적인 말만 해대는 경향이 있다는 것이었다. 항상 "무엇인가 잘못 되었습니다", "태양이 너무 뜨겁습니다", "바람이 너무 거세게 몰아칩니다", "해변이 너무 붐빕니다" 등 어떤 것을 말해도 그 학생은 부정적으로 말하였다. 이 인턴사원이 시즌이 끝나기 전에 나가 달라는 통보를 받았다는 소식에 클럽에 있는 누구도 놀라는 사람이 없었다.

태도 : 목소리의 높낮이

말은 주어진 메시지의 50% 정도 밖에 전달하지 못하지만, 그럼에도 불구하고, 서비스 품질에서 여전히 중요한 요소이다. 우리는 무엇을 말했는가와 어떻게 말했는가 라는 두 가지 방식으로 언어 숙련도를 해석할 수 있다. 때로는 말하는 방식에 의해 그 말 자체보다 더 중요한 뜻과 의미를 나타낸다. 말하는 단어 하나하나의 억양과 선택된 단어에 대한 강세를 통해서 말하는 사람의 태도가 드러난다. 동일한 단어들도 목소리 억양에 따라 다양한 다른 의미를 전달할 수 있다. 예를 들면 "Good evening"이라는 단어를 말하는 억양에 따라 아래에 제시된 의미 중의 하나를 반영할 수 있다.

- 만나게 되어 정말로 반갑습니다.
- 지난 번에 만났지요? 다시 만나게 되어 기쁩니다.
- 여기서 무엇을 하고 있니?
- 너무 바빠요. 귀찮게 하지 마세요.
- 할 일이 없으니 네 일이라도 참견해야 하겠구나.
- 안녕히 가세요. 다시 오세요.

목소리의 높낮이 역시 문장 내에서 특정 단어의 의미를 강조한다. 문장에서 선택적으로 강조된 단어는 소통되는 전체 메시지의 내용을 바꾸어 놓을 수 있다. 예를 들면, "May I bring you anything else?"라는 질문은 그 질문 속에 포함된 단어 중에 어떤 단어가 강조되는가에 따라 다음과 같이 적어도 네 가지의 서로 다른 메시지를 전달할 수 있다.

강조	전달된 의미(Meaning Communicated)
May I bring you anything else?	내가 드릴까요?
May I bring **you** anything else?	당신께 드릴까요?
May I bring you **anything** else?	또 원하는 것 있습니까?
May I bring you anything **else**?	더 필요로 하는 것 없지요?

고객을 영접하는 서비스 현장에서의 적절한 목소리 높낮이는 제공되는 서비스의 종류, 환경, 그리고 서비스 속성에 따라 달라질 수 있다. 어떤 환경에서는 형식에 구애받지 않는 목소리 높낮이가 필요할 수 있지만, 또 다른 환경에서는 보다 형식이 갖추어진 억양을 요구할 수 있다. 그러나 일반적으로 고객들은 목소리의 세기나 음조의 억양 변화가 크지 않지만, 단조롭지 않은 상냥한 목소리 톤을 원한다고 말할 수 있다. 고객들은 목소리에 반영된 힘과 열정을 선호하지만, 이해할 수 없을 정도로 너무 빨라서는 안된다. 서비스 제공자에 대한 종합적이고 일반적 충고를 하자면 목소리에 미소를 담으라는 것이다. 보통 최고의 목소리 높낮이는 배려와 따뜻함을 담고 있는 우호적인 목소리 톤이다. 이러한 각각의 요소들은 고객을 향한 긍정적인 태도를 전달하게 된다.

태도 변화

고객 응대시 나타나는 일반적인 현상이지만, 거의 인식되거나 이해되지 못하고 있는 것으로 태도의 변질이라고 부르는 현상이 있다. 하루의 서비스 일과 시간 동안에 서비스 제공자들의 태도가 서서히 또는 어떤 때는 갑자기 무너져 내리는 것은 자연스러운 현상이다. 긍정적인 태도가 영원히 지속되지는 않지만, 때때로 다른 어떤 때보다 더 오래 지속되기도 한다.

서비스 제공자들의 태도가 부정적으로 변화하는 요인은 무엇일까? 해답은 고품질 고객서비스에서는 서비스 제공자들의 서비스 과정에 감정이 요구된다는 것이다. 감정이 요구되는 일을 수행할 때는 상당한 정도의 에너지가 소비된다. 이렇게 소비되는 에너지를 '감정적 노동'이라고 부른다. 감정적 노동은 피곤하며, 사실 감정적 노동은 사람을 지치게 한다. 그렇기 때문에 서비스 제공자는 지칠 뿐만 아니라 열의가 없어지고, 기운없고, 투덜대고, 참을성이 없어지며, 심지어 퉁명스러워 질 수도 있다.

장시간의 일과가 끝나 근무 교대가 이루어질 때 쯤에는 저장된 감정적 에너지가 부분적으로 고갈되었거나 완전히 바닥났다고 보아야 한다. 이런 경우에 감정적으로 소모되었다는 첫 번째의 외향적 신호는 기운이 없어 보이거나 부정적인 태도이다. 고객을 응대하는 업무에서 과중한 고객 응대 업무를 통해 감정적 에너지를 잃어버리는 것은 그렇게 드문 일이 아니다. 사실 '과중한 고객 응대업무 증후군'은 많은 서비스 제공자들이 최상급 고객 서비스 태도에 미치지 못하는 주요한 요인이다. 특히 수백 번의 고객과의 만남이 이루어지는 경우, 일반적으로 하루 중 첫 번째의 고객 만남과 마지막 고객 만남과는 매우 다르다.

과중한 고객 만남으로 인한 감정적 에너지의 소모는 고객 서비스 산업에서 식무수행에 만전을 기하기 어려운 현실로 나타난다. 이 위험을 대처하는 첫번째 단계는 그런 위험이 존재한다는 사실을 인식하는 것이고, 두 번째 단계는 그 위험을 줄이려고 적절한 조치를 취하는 것이다.

● 고품질 서비스 명예의 전당

태도는 사실 전염성이 있다. 미국의 서프 시에 이러한 사실을 명백하게 보여주는 부둣가의 한 식당이 있다. 에너지가 넘치는 서비스 팀을 관찰해 보면, 모든 이가 그곳에서 일하는 것을 좋아한다는 것을 분명히 알 수 있다. 전체 직원이 절대적으로 우호적 태도를 공유하고 있을 뿐만 아니라, 모든 고객들도 그것을 감지하고 있는 것처럼 보인다. 하루 종일 전체 일터에 스며들어 있는 긍정적 정신과 열정이 있다. 우연히 어떤 열정적인 손님이 다음과 같이 칭찬하는 말을 듣게 되었다. "정말 멋지군, 이곳 정말로 근사한 곳인데."

태도 전염

건조한 수풀더미에서 불길이 확산되듯이, 태도 역시 한 사람에서 다른 사람으로 옮겨서 고객 서비스 팀의 모든 사람이 영향을 받게 된다. 한 사람, 즉 하나의 불씨가 전체 서비스 팀에게 전염된다. 이런 사람을 '태도 유발자' 라고 부른다. 그 사람이 관리자나 매니저라면, 그보다 하위 직급의 사람들로부터 충분한 힘을 얻어 그의 태도는 특히 빠른 속도로 전파된다. 그러나 같은 동료 서비스 제공자도 유사한 효과를 낼 수 있는 태도 유발자가 될 수 있다. 바로 이러한 전염성이라는 태도의 속성 때문에 태도는 근원지와 상관없이 쉽게 확산된다. 확산의 영향은 두 가지 중의 하나로 작동되는데 부정적인 방향이거나 긍정적인 방향이다. 그 분기점에 서 있는 인물인 태도 유발자가 나쁜 기분으로 일을 시작하거나, 어떠한 형태의 부정적 태도를 드러낼 때는, 곧 전체 서비스 제공 팀도 얼굴을 찌푸리고, 침울하고 긴장되어 보이고, 또는 초초하거나 걱정스러워 보인다. 당연히 고품질 서비스는 크게 부정적으로 영향을 미친다. 진실의 순간은 사라지게 되는 것이다. 고품질 서비스는 수포로 돌아가고, 고객들과 서비스 제공자 모두가 같이 손해를 보게 된다. 대조적으로 태도 유발자가 명랑한 기분과 긍정적인 태도로 일을 시작할 때, 다른 사람들에게 똑같이 이러한 분위기가 전파되는데 오래 걸리지 않는다. 이런 일이 일어날 때, 서비스 팀에게는 곧 웃음이 만발하게 된다. 서비스 팀은 힘이 넘치고, 쾌활하고 활력이 넘치게 된다. 서비스 팀은 건강하고 생기넘치는 고객 서비스 분위기를 조성하고, 그 서비스 팀의 고객들은 혜택을 입게 된다. 이런 시나리오 속에서 고품질 서비스가 성공하게 되는 것이다. 전염 속성이 있는 긍정적 태도의 결과로 고객들과 서비스 제공자들 모두가 승리로 마감하게 되는 것이다. 서비스 팀의 각자 그리고 모두가 긍정적 태도 유발자가 되어야 한다는 책임감을 받아들인다면 이런 일은 쉽게 일어날 수 있다.

◐ 12장 복습 ◐

주요개념

1. 서비스 제공자들의 고객에게 대한 태도는 제공되는 서비스 품질에 직접적으로 영향을 미친다.

2. 태도는 몸짓이나 목소리 높낮이에 의해서 다른 사람에게 전달된다.

3. 감정적인 소모가 있는 노동과 과중한 고객 만남은 태도 변질의 원인이 된다.

4. 서비스 팀 내에서 태도는 한 사람에서 다른 사람으로 쉽게 전파된다.

주요용어

태도 유발자

태도의 변질

몸짓

과중한 고객 만남 증후군

감정적 노동

학습 및 토론 과제

1. 긍정적 태도가 고품질 고객 서비스를 제공하는 데 왜 중요합니까?

2. 서비스를 제공할 때, 어떤 몸짓이 가장 중요하다고 믿습니까? 왜 그렇게 생각합니까?

3. 적절한 몸 단장은 태도에 어떻게 반영됩니까?

4. 고객 응대 시 가장 바람직한 목소리 톤을 어떻게 묘사할 수 있습니까?

5. 고객에게 서비스를 제공할 때, 시간에 따라 태도가 어떻게 변질될 수 있습니까?

6. 태도의 변질을 피할 수 있는 방법은 무엇입니까?

7. 태도는 서비스 제공자들 사이에 어떤 식으로 전염됩니까?

8. 부정적 태도에 전염된 어떤 근무 집단에 대한 예를 들 수 있습니까?
   긍정적 태도에 전염된 예를 들 수 있습니까?

응용사례 연습 (20)

여러분이 취하는 태도가 현실의 당신을 나타냅니다.

1. 고객 서비스에서 고객이나 서비스 제공자로서의 경험을 바탕으로 서비스 제공자들이 반드시 지녀야 할 종합적인 태도를 서술하십시오. 이 서술은 일반적이어야 합니다. 구체적인 서술은 잠시 후에 하겠습니다.

   _____

   _____

2. 작성한 질문 1.에 대한 답을 투대로 할 때, 어떤 구체적인 몸짓이 이런 태도를 반영할 수 있습니까?

   얼굴 표정 :

   _____

   손과 몸의 움직임 :

   _____

   몸 단장 기준 :

   _____

3. 목소리 톤도 잊지 마십시오. 서비스 제공자들이 가져야 할 가장 바람직한 목소리 톤을 어떻게 서술할 수 있습니까?

   _____

   _____

4. 여러분이 서비스 제공자로 일한 경험이 있거나 지금 종사하고 있다면, 서비스 담당자들이 근무교대에 이르기까지 긍정적인 자세를 유지할 수 있도록 도와주기 위해 조직은 무엇을 하고 있습니까?

_____

_____

5. 어떤 추가적인 행동이 필요하다고 생각합니까?

_____

_____

응용사례 연습 (21)

몸짓

아래에 대립되는 네 쌍의 비언어적 메시지가 제시되어 있습니다. 이러한 형태의 몸짓이 고객에게 전하는 가능한 메시지를 묘사할 수 있습니까?

<table>
<tr><td>긍정적 메시지</td><td>부정적 메시지</td></tr>
<tr><td>얼굴 표정이 평안하고 안정됨
무엇을 전달합니까?</td><td>얼굴 표정에 근심이 보이며 경직됨
무엇을 전달합니까?</td></tr>
<tr><td>_____
_____
_____</td><td>_____
_____
_____</td></tr>
<tr><td>미소가 자연스럽고 편안함
무엇을 전달합니까?</td><td>미소에 무엇이 결여되었거나 억지스러움
무엇을 전달합니까?</td></tr>
<tr><td>_____
_____
_____</td><td>_____
_____
_____</td></tr>
<tr><td>대화하는 동안 계속 눈길을 마주침
무엇을 전달합니까?</td><td>대화하는 동안 눈길을 회피함
무엇을 전달합니까?</td></tr>
<tr><td>_____
_____
_____</td><td>_____
_____
_____</td></tr>
</table>

몸의 움직임이 이완되어 있으나 잘 통제됨

무엇을 전달합니까?

_____

_____

_____

몸 움직임이 지쳐보이고 서두름

무엇을 전달합니까?

_____

_____

_____

응용사례 연습 (22)

과중한 고객과의 만남이 있을 때

때때로 우리 모두는 에너지를 충전할 필요가 있습니다. 자신에게 에너지를 재충전하는 능력은 고객들에 대한 긍정적인 자세를 유지하는데 중요합니다. 긍정적인 태도를 유지하는 것은 직장에서 매 순간 고품질 고객 서비스를 제공하는데 핵심입니다. 이러한 두 가지 요소를 염두에 두고, 아래의 질문에 대답하십시오.

1. 과중한 고객 만남 증후군이 당신에게도 잠재적인 문제인가요?

_____ 예 _____ 아니오

만약에 "예" 라고 답했다면 어떤 문제인가요?

_____

_____

_____

_____

2. 여러분이 감정적으로 지쳤을 때, 자신을 다시 원기 왕성하게 만들기 위해 무엇을 할 수 있습니까?

_____

_____

_____

_____

지하철 공무원의 관할 구역 어느 지하철 환승역에서의 일이다. 계단을 내려오려는 장애인이 휠체어를 타고 휠체어 승강기 앞에서 계속 도움을 요청하는 신호 버튼을 누르고 있었다. 이미 상당 시간이 경과한 듯, 그 사람의 얼굴은 굳어져 있었다. 안타까운 마음에 역무실로 찾아가 사정을 말해 주었다. 역무실의 공무원의 대답 "그쪽은 우리 관할이 아닙니다." 어처구니없어 언성을 높이자, 그제서야 그쪽 담당자에게 전화를 거는 것이었다.

추가사례 #2 – 항공사의 항공사 측 이유

지난 달 제주도 행 비행편 예약 때의 일이다. 모 항공사에 예약을 하려고 전화했다.

"약 10분 후에 직원에 연결된다"는 안내음이 나오는 것이었다. 10분의 전화상 기다림이란 30분 이상 되는 것 같은 지루한 시간임을 절감하여 예약이 꼭 필요한 상태임으로 인내심을 동원하며 휴대폰을 귀에 대고 기다렸다. 정확히 13분 만에 직원과 연결되었다. 그 사이 전화량 폭주로 연결이 지체되고 있다는 반복 멘트를 들었는지라 "아니, 13분 기다리는 것이 말이 되는가?"라고 직원에게 되짚었다. 미안하다는 사과와 함께 이번 달부터 국내선에도 유류 할증료가 부과되어 항공 요금이 오르게 되나, 이번 달 예약까지는 오르지 않은 항공료로 예약 가능하여 예약 전화가 폭주했다는 설명을 들었다.

그래도 납득이 되지 않는 부분은 이러한 경우, 예약 전화가 폭주하리라는 예상 정도는 했을 것으로 생각되며, 이러한 예상에 하나의 비상 대책도 세워 놓지 않은 채, 그때만 지나가려는 안일 한 자세가 고객의 고통으로 마무리 되어도 할 수 없다는 발상이었다.

★☆ 고객의 불편이 예상되는 경우에 대 한 사례를 생각해 보고 대책을 세워 봅시다.

13. 아픔을 주는 말 - 부드럽게 달래주는 말

목소리의 어조와 몸짓을 통해 밖으로 비쳐지는 태도와 함께 고객들에게 사용하는 언어 자체 역시 고품질 고객 서비스를 제공할 수 있는가에 대한 능력을 잘 나타내고 있다. 서비스 제공자가 고객에게 인사할 때, 서비스를 제공할 때, 도움이 되는 제안을 할 때, 또는 문제나 관심 사항을 해결할 때, 사용하는 말씨와 어휘에 따라 그 서비스의 성공, 실패가 상당히 좌우됩니다. 올바르게 말하고, 적절한 시점에서, 적합한 방법으로 말할 수 있는 능력은 고품질 의사소통의 핵심인 것이다.

● 고품질 서비스 불명예의 전당

작은 호텔의 욕실에 비치된 안내문에 이렇게 적혀 있었습니다. "어떤 이유에서든 수건이나 린넨을 호텔 밖으로 가져가고 싶으면, 프런트 데스크에 알려 주시오. 수건이나 린넨에는 보안 기기를 작동시키는 전자 장치가 삽입되어 있습니다."

식사 서비스 종업원이 네 분의 여자 손님이 앉은 식탁에서 커피를 따르면서 그 중 한 여자 손님이 손을 모두 테이블 아래에 두고 있는 것을 알았다. "무슨 문제가 있나요? 손이 없나요?" 라고 물었다. 그녀가 두 팔을 들어 올리자 두 개의 의수가 드러났다.

어떤 지역의 스테이크 하우스에서 약 150kg이 넘는 큰 남자가 저녁을 마치자 식사 서비스 종업원이 와서 말하기를 "와우, 정말 싹싹 드셨네요, 그렇죠? (Boy, you really pigged that down, didn't you?)" 후에 그 종업원은 왜 고객이 매니저에게 불평하였는지 이해가 되지 않았다.

재치 있는 언어

　고객을 맞이하는 서비스 제공자로서 고객에게 하는 말은 상황에 적합해야 한다. 예를 들어 어떤 환경에서는 격식을 차려야 하지만, 다른 환경에서는 격식을 차리지 않을 수도 있다. 각각의 상황에 따라 사용되는 언어의 적절성은 다르겠지만, 어쨌든 상황과 관계없이 적절하지 않은 어법이나 잘못된 언어로 응대해도 괜찮은 고객은 존재하지 않는다. 언어의 적절성은 단순한 문법상의 문제보다 중요하다. 적합하기 위해서는 언어소통이 재치 있는 말과 공격적이지 않은 말로 이루어지는 것이 바람직하다. 나아가 의사소통은 고객에게 즐거움, 편안함 그리고 좋은 느낌을 주어야 한다. 서비스 부서의 어느 누구든 부주의한 말, 냉담한 말 또는 바보같은 말을 해서 고객이 불편해하거나 난처한 느낌을 받도록 만들면 절대 안 된다. "실례합니다" "죄송합니다" 또는 "감사합니다" 와 같은 예의 바른 말은 언제나 유용한 말이다. 이런 말들은 확실하게 그리고 계속적으로 사용되어져야 한다. 어떤 말이 재치 있고, 어떤 말이 그렇지 않은지를 구분하려면 서비스 제공자는 특별한 수준의 감각을 가지고 있어야 한다.

이름 부르기

　이름으로 고객을 부르는 것은 언제나 좋은 습관이다. 고객을 응대하는 기법으로서 적절한 시간에 올바른 방법으로 손님의 이름을 호칭 하는 것은 알반적으로 고객들이 기대하는 일이나, 아직 잘 지켜지지 않고 있다. 고객의 이름을 호칭하는 것은 그 고객을 특별히 맞이한다는 것을 나타낸다. 이는 그 개인에 대한 존경을 표한다는 의사를 전달해 준다. 고객을 맞이하는 서비스 제공자들이 가능하면, 고객의 이름을 호칭해야 하는 이유가 여기에 있다. 고객을 이름으로 부르는 것은 말하는 기술의 기본이다. 또한 고품질 서비스의 인간적 측면에서 감사를 표시하는 따뜻한 고객맞이다. 서비스 제공자가 고객을 이름으로 부를 때는 고객들에게 개인 개인에 대해 개별적으로 봉사하려고 시도하고 있다는 것을 분명하게 보여준다.

전망좋은 것으로 유명한 어떤 캘리포니아의 식당에서는 손님들이 도착하는 즉시 지배인이 일행의 이름을 적어 놓습니다. 테이블 준비가 완료되면 (손님을 찾는 호출 시스템을 사용하지 않고) 지배인이 일행에게 다가가 언제나 개별적으로 이름을 불러 드립니다: "잭슨 씨, 지금 식사가 준비되었습니다."

또 다른 캘리포니아의 식당 체인점은 고객의 이름을 기록하는 카드 시스템을 이용합니다. 고객이 프런트 데스크에서 체크인 할 때, 지배인이 카드에 이름을 적어 식당 종업원이 보고, 이름을 참조할 수 있는 위치에 놓아둡니다.

어느 아시아의 주요 항공사는 비즈니스 석과 일등 석의 모든 객실 승무원들이 승객을 마주할 때마다 승객의 이름을 부릅니다. 이렇게 하기 위하여 승객들의 이름을 일일이 좌석 조견표에 적어놓고, 승무원들이 쉽게 볼 수 있는 위치에 걸어둡니다.

두 가지 요소

고객을 맞이하는 서비스 제공자가 이러한 고객의 기대에 부응하기 위해서는 내부적으로 두 가지 요소가 필요하다. 첫째로 고객의 이름을 알아내고 기록하는 시스템이 요구된다. 둘째로 한 번 이름을 알아내면, 손님 앞에서 이름을 사용해야 한다. 사전에 고객의 이름을 알아내는 일반적인 방법은 다음과 같다.

- 예약
- 예약 목록
- 대기자 명단
- 표 판매 시

신용카드, 또는 글로 쓴 서비스 요구서 등과 같은 것으로 서비스를 제공하고 있는 도

중에 손님의 이름을 알 수도 있다. 물론 잘 쓰이진 않지만 "성함이 어떻게 되십니까?" 라고 물어보는 옛날식 전략도 효과적인 대안이 될 수 있다. 그러나 고객의 이름을 실제로 사용하지 않는다면, 어떤 전략을 쓰던 서비스의 수준에는 별 영향을 미치지 못할 것이다.

많은 호텔에서 프런트 데스크 직원들에게 체크 인 하는 과정에서 최소한 세 번은 고객의 이름을 불러 드리기를 권고하고 있다. 한 식당 체인점은 신용카드로 계산하는 모든 고객들에게 카드를 돌려 드릴 때, 고객의 이름을 호칭하며 감사하다는 인사를 할 것을 지시하고 있다. 불행하게도 고객들에게 이러한 것이 당연하게 시행되기 보다는 요망사항으로 남아있다.

◖ 13장 복습 ◗

주요개념

1. 서비스 제공자가 실제로 사용하는 말은 고품질 서비스 제공 능력의 상당 부분을 그대로 나타내고 있다.

2. 고객을 맞이하는 서비스 제공자들이 하는 말은 적절하고 재치 있어야 한다.

3. 서비스가 이루어지는 현장에서 고객의 이름을 불러주면 서비스 품질이 높아진다.

4. 효과적으로 이름을 부르는 것이 실행되기 위해서는 고객의 이름을 알아내는 시스템이 있어야 하고, 서비스 제공자가 서비스 하면서 실제로 이름 호칭이 이루어져야 한다.

주요용어

이름 부르기

재치 있는 언어

학습 및 토론 과제

1. 고객환대 서비스 제공자는 서비스 현장에서 속어나 은어를 사용하면 됩니까? 또는 왜 사용하면 안됩니까?

2. 올바른 문법이 고품질 서비스 현장에 어떻게 기여합니까?

3. 너무 빠르게 말하면 서비스 현장에서 어떻게 부정적인 영향을 줍니까?

4. 많은 고객응대 현장에서 이름을 부르는 것이 왜 일상적으로 자주 일어나는 일이 아닌 것으로 남아 있습니까?

재치 있는 단어 선택

1. 서비스 제공자로서 또는 고객이었을 경우, 여러분의 경험으로 볼 때, 서비스 담당자가 사용
해야 하는 예의 바른 문구나 말로 어떤 것이 있는지 나열하십시오.

_____

_____

_____

2. 고객 응대 시 서비스 제공자가 피해야 하는 문구나 말로 어떤 것이 있는지 나열하십시오.

_____

_____

_____

3. 고객 응대 시 서비스 담당자로서 어떤 대화 주제가 적절합니까?

_____

_____

_____

4. 고객 응대 시 서비스 담당자로서 어떤 대화 주제가 적절하지 못합니까?

_____

_____

_____

일본 도오쿄의 신주쿠 거리는 일본에서 땅값이 가장 비싼 곳 중의 하나이다. 일본의 한 회사가 그곳에 있는 땅이 꼭 필요하여 매입하기로 결정했다. 문제는 땅 임자가 백발 할머니였으며, 이 땅을 집안의 보물로 보고 요지부동 팔지 않는 것이었다. 계속되는 회사의 회유와 설득에도 뜻을 굽히지 않으며, 오히려 할머니는 최후통첩을 하려고 눈이 펑펑 오는 추운 날 그 회사로 찾아갔다. 사무실에 들어서자, 한 여직원이 자리에서 얼른 일어나더니 할머니에게 다가와 옷에 묻은 눈을 털어주며 걱정 어린 목소리로 말했다. "할머니, 눈길 오시느라고 힘드셨죠? 얼른 들어오세요." 할머니의 외투를 받아 걸고는 흙이 잔뜩 묻은 할머니의 신발을 벗겨주며, 자기가 신고 있던 따뜻한 슬리퍼를 신겨 주었다. 그리고 나서 할머니를 부축하여 사장실이 있는 3층까지 올라갔다. 그 여사원의 행동에 크게 감동하여 "직원이 이렇게 훌륭하다면 사장님 역시 훌륭한 분일 꺼야"라고 생각하게 되었다. 사장실에 들어선 할머니는 순간 마음을 고쳐 먹었다. "사장님 내 땅을 양도하겠어요." 팔 수 없다는 말을 전하려 왔던 할머니는 오히려 조건 없이 땅을 내 놓았다.

어머니의 배 안에 물 주머니가 생겼다는 의사의 진단에 따라 수술을 받기로 했다. 수술 당일 입원실에서 수술실로 옮겨 드리려고 남자 직원이 나타났다. 옮겨 드리려고 침대를 움직이며 옆의 동료에게 한마디 던지는 것이었다. "7층 수술실에 얼른 넣어주고 올께"

그 말을 듣는 순간 우리는 동시에 그 직원을 쳐다 보았다. 그러나 그 직원은 그 일이 익숙해서인지 아무 느낌도 없이 자기 일을 계속 하는 것이었다. 어머니가 더욱 작아보여 코끗이 찡 해오는 것을 창 밖을 보며 침을 삼키고 "우리 어머니를 수술실에 넣는다구요? 당신에게는 그것이 작업일지 모르지만, 우리에게는 하나밖에 없는 어머니가 수술 받으시는 일이라구요. 모셔다 드린다고 해야지요."

★☆ 무심코 들은 말이 계속 남아있던 기억에 대해 사례를 들어 봅시다. 또 그러한 경우 어떻게 말을 했어야 했을까요?

장점과 단점은 보는 위치에 따라 달라질 수 있다.

약간 긴 머리를 선호하는 사람에게

"당신에게는 긴 머리가 잘 어울립니다. 머리가 너무 짧으면 경박해 보일 수 있으니까요."

짧은 머리를 선호하는 사람에게

"짧은 머리가 긴 머리보다 훨씬 경쾌하고 정직해 보입니다."

머리 모양에 많은 신경을 쓰는 사람에게

"머리 모양은 사람 인상을 좌우합니다. 대개 성공한 사람들은 머리 다듬는 데 시간을 많이 할애하지요."

★☆ 모든 것에는 양면성이 있습니다. 다른 사람들이 가진 일반 취향에서 칭찬 할 부분이 있는 지 찾아봅시다.

추가사례 #4

미국이 한 트럭 운송 회사 이야기이다. 이 회사는 매년 15만 불 정도의 손실이 트럭 운전사들이 컨테이너를 제대로 식별 하지 않았기 때문에 발생한다는 사실을 발견하였다. 트럭 운전사들이 자신들을 보통 일꾼으로 스스로 생각하는 방식에서부터 문제가 발생한다는 결론을 간부들이 내렸다. 생각을 바꾸는 일이 최선책 이라고 생각했다. 회사 간부들은 그들의 호칭을 인부 또는 트럭 운전전사를 '물품 배송 전문가'라고 바꾸고 그렇게 부르기 시작했다. 한달도 되지 않아 같은 종류의 사고의 발생 손실은 3만 불 정도로 떨어진 것이다.

14. 기대이상의 서비스를 받는 기쁨

기대하지 않았던 서비스를 받으면 고객은 매우 기뻐하지만, 이를 실천하려면 고객들이 무엇을 요구하며, 어떤 특별한 방식으로 해 주기를 바라고 있는지를 알아 낼 필요가 있다.

왜냐하면 이러한 서비스의 수준은 타이밍을 맞추고, 편의를 제공하고, 그것들을 예측하는 것과 같은 절차적인 요소를 뛰어넘어 서비스 제공자들이 인간적인 측면에서 고객과 감정적으로 동화되어야 하기 때문이다. 고객의 마음을 읽고, 고객과 공감대를 형성하고, 고객의 네 가지 기본적인 서비스 욕구에 민감해져야 한다. 이러한 고품질 서비스 요소를 '사려 깊음'이라고 부른다. 사려 깊다는 것은 감정이입, 고객의 느낌, 바램과 욕망을 이해하는 마음이 구체화된 것이다. 모든 고객들은 네 가지의 기본적인 서비스에 대한 욕구를 가지고 서비스 업체를 선택하지만, 이외에 많은 고객들이 추가적인 여러가지 기대, 바램 및 욕구를 가지고 찾아간다. 사려 깊은 서비스 제공자는 이러한 욕구를 인지하고, 만족시키기 위해 최선을 다 한다.

고객의 마음 읽기

고객의 마음을 읽으려면 손님이 무의식 중에 하는 말이나 말 이외의 단서에 민감해야 한다. 서비스 제공자가 이러한 단서를 잡으면, 고객의 특별한 요구에 초점을 맞추는데 도움을 준다. 손님이 말하지 않더라도 단서를 잡을 수 있다. 경험있는 서비스 제공자들이 확인할 수 있는 일반적인 단서는 아래와 같다.

- 고객의 나이
- 옷 차림새

- 손님과 동반하는 고객

- 손님의 몸짓

- 음성의 높낮이와 언어 능력

이상의 단서들은 관찰력이 예민한 서비스 제공자가 고객 맞춤형 서비스 뿐만 아니라, 특별한 서비스를 제공하는데 사용할 수 있는 매우 중요한 신호이다.

● 고품질 서비스 명예의 전당

디즈니랜드 건너편 호텔의 로비에서 한 꼬마 여자 아이가 울고 있었습니다. 딸에게 디즈니 캐릭터인 구피 인형을 사주었는데 그만 쇼핑백을 유람 기차 정류장에 두고 왔다고 그 아이의 어머니가 서비스 직원에게 설명하였다. 서비스 직원은 근무시간이 방금 끝났으므로 귀가하기 전에 그 가방을 찾으러 정류장에 가겠다고 말하고 가 보았으나 소용이 없었다. 구피 인형이 들어있는 가방은 온데 간데 없었다. 그 꼬마 아이는 크게 실망하였다. 잠시 후, 서비스 직원은 그의 상관에게 어떤 제안을 하였다. 저녁 7시에 새 구피 인형을 호텔의 감사 증정품으로 여자 아이의 객실에 올려 보냈다.

공감대

공감대는 고객들과 서비스 제공자들 사이에 상호 존중을 확립하는데 도움을 주는 태도, 느낌 그리고 관계 등으로 구체화된다. 공감대는 서로 친밀한 관계를 확립하며, 고객들로 하여금 만족스럽고 편안한 느낌을 가지도록 만든다. 그들은 서비스 직원이 진심으로 그들의 이익을 염두에 두고 있다는 것을 느낀다.

공감대 없이는 효과적인 의사소통이 단절되어 서비스 질이 저하된다. 공감대가 결여되면 서비스 제공자는 지나치게 점잔을 빼거나, 비굴하거나, 대립하거나 짜증내는 행태를 보이게 된다. 또한 이는 서비스 제공자가 고객의 요구와 욕구를 이해하는 시간을 가지지 못한 것을 나타낸다. 이유와 관계없이 공감대를 이루지 못하면, 고객들은 서비스 제공자로부터 따돌림을 당했다고 느끼거나 위축감을 느낀다. 공감대가 이루어졌다고 반드시 고품질 서비스를 만드는 것은 아니지만, 공감대가 이루어지지 않으면, 고객은 틀림없이 품격 없는 서비스라고 기억할 것이다.

감정이입

감정이입은 자신을 상대방의 입장에 놓고, 그들의 눈으로 보고, 그들의 신발을 신고 걷는 것과 같이 상대방을 이해한다고 줄여 말할 수 있다. 숙련된 서비스 제공자는 감정이입을 잘 한다. '만일 내가 이 고객이라면 무엇을 원하고, 어떻게 대접받기를 원할까?'라고 자신에게 질문해 보자. 서비스 제공자로서 감정이입이 많아지면, 인간적인 측면에서의 서비스 수준은 더 높아진다. 이 말은 고객들에 대해 모든 것을 알아야 할 필요가 있다는 이야기가 아니다. 그렇게 하기는 불가능하며, 바람직하지도 않다. 그렇더라도 고객들은 여전히 그들의 요구나 바람에 대해 어느 정도는 말 하지 않아도 서비스 제공자가 알아 채 주기를 기대한다.

● 고품질 서비스 불명예의 전당

한 여성이 패스트푸드 점의 서비스 카운터에 뛰어와서 말했습니다. "물 한잔만 주세요. 남편이 음식물에 목이 메어 숨을 쉬지 못해요." 종업원이 큰 미소를 지으며 답하였습니다. "큰 컵이요? 작은 컵이요? 어느 것으로 드릴까요?"

감정적 동화

손님의 감정에 동화되면, 더 높은 수준의 친절한 서비스가 이루어진다. 이러한 특별한 서비스 기술은 당신이 고객을 위하여 어떤 멋진 일을 해 드릴 때 확연히 드러난다. - 직업상 반드시 수행해야 하는 업무는 아니나 그래도 당신이 해야 하는 일인 것이다. 이것은 간혹 손님으로부터 "아하!" 라는 감탄사를 자아내게 한다. 특별히 사려 깊다는 것을 나타낸다는 의미이다. 또한 보통의 고객이 내 비치는 단서에 특별히 민감하다는 것도 의미한다. 다음에 고객이 내 비치는 여섯 가지의 단서 목록이 있다. 각각의 단서에 대해 세심한 서비스 제공자가 어떻게 응답할 수 있는지 몇 가지 예를 보기로 하자.

단서 #1 : 고객의 나이

- 어린이들에 대해서는 추가 냅킨, 작은 컵 또는 여분의 컵 추가 제공, 어린이용 의자, 추가 침대 또는 다른 잠자리와 식사, 또는 다른 물건이나 도움되는 일이 필요할 것이다.
- 십대는 합리적인 비용으로 일상적이지 않고, 재미있는 경험을 하기 원한다.
- 젊은이는 전문적인 물품과 활동적이고, 격식을 차리지 않는 분위기를 즐긴다.
- 나이드신 성인은 예의 바르고, 더욱 전통적인 서비스로 차별화된 서비스 제공을 좋아한다.
- 노인분들은 경제성을 따지고 특별한 도움의 손길을 찾으며 기다림에 관대하지 않으며, 많은 경우, 친근한 대화를 나누는 것을 좋아한다.

단서 #2 : 옷 차림새

- 캐주얼한 복장을 한 고객들은 보통 즐거운 시간을 보내려고, 그리고 편하고 격식을 차리지 않는 분위기에서 그들끼리 즐기려고 외출을 한다.
- 업무용 정장은 효율적이고 조심성 있는 서비스에 감사하는 직장인이라는 것을 의미할 수 있다.
- 격식을 갖춘 복장을 한 고객은 특별한 행사를 계획하고 있어, 관심을 가지고 부가적인 서비스를 해 드리면, 축하행사의 의미가 더 살아날 것이라는 것을 의미하거나, 이 손님은 다른 행사에 참석하기 위해 가는 도중이기 때문에 시간 제한을 가진다는 것을 의미한다.

단서 #3 : 그룹 형태

- 그룹은 특별한 배려를 좋아한다. 눈치 빠른 서비스 제공자는 그룹의 구성원들이 누구이며, 무엇을 하는 그룹인지를 알아낸다. 동성 그룹은 혼성 그룹보다 덜 억제되어 있으며, 격식을 차리지 않는 서비스를 원한다.
- 가족에 대해 눈치 빠른 서비스 제공자라면, 가족 중 어른에게 경의를 표하고, 어린이를 위해 필요한 사항을 제공한다.
- 주의력 있는 서비스 제공자는 업무로 관련된 그룹에게는 조심성 있고, 효율적인 서비스를 제공한다.

단서 #4 : 몸짓

- 고객이 팔짱을 끼고 있거나 코나 아래턱을 만지작거리고 있으면 기다림에 지쳐있다는 것이다. 이런 사람은 시계를 쳐다보거나 두리번거리고 있을 수도 있다.
- 세심한 서비스 제공자라면, 고객이 주위를 두리번거리고 있으면 누구를 기다리고 있다고 가늠할 수 있다.
- 식당에서 차림표를 접어놓고 있는 고객은 통상적으로 주문할 준비가 되어있다는 것을 의미한다.

단서 #5 : 언어 능력

- 똑똑한 서비스 제공자는 고객이 아주 유창하게 말하면 존경과 경의를 표할 것이다.
- 똑똑한 서비스 제공자는 고객이 유창하게 말을 하지 못하면 참고, 존중하고, 이해하려는 모습을 보여준다. 진행과정과 선택사항은 천천히 그리고 조심하며 설명한다.
- 주의 깊은 서비스 제공자는 처음이거나 익숙하지 않은 고객에 대해서는 특별한 도움을 제시하고 제안한다. 그렇게 하여 고객을 편하게 해 준다.

단서 #6 : 목소리 톤

- 감정적으로 동화를 이룬 서비스 제공자에게 고객의 목소리 톤은 손님이 편안하고 즐거운 시간을 보내고 있는지 또는 손님이 불안하고, 서두르고, 화가 나 있는지를 말해준다.
- 세심한 서비스 제공자는 고객이 무엇을 말하는지 뿐만 아니라, 어떻게 말하는지도 감지하여 그에 따라 대처한다.

주요개념

1. 고객의 기대를 넘어선다는 것은 고품질 고객 서비스의 중요한 구성 요소이다.

2. 고객의 마음을 읽으려면, 공감대를 형성하고, 감정이입할 수 있는 능력은 세심한 고객 서비스를 제공하는 열쇠이다.

주요용어

주요 용어

정성을 다하기

감정이입

공감대

고객의 마음 읽기

학습 및 토론 과제

1. 정성을 다하는 서비스를 제공하는 것이 서비스의 수준에 어떻게 기여합니까?

2. 손님의 마음을 읽는데 어떤 기술이 필요합니까?

3. 손님과 공감대를 형성하는 것이 왜 정성을 다하는 고객 서비스를 위해 중요한 기초가 됩니까?

4. 고품질 고객 서비스가 이루어지도록 하는 서비스 제공자의 능력에서 감정이입이 어떤 역할을 합니까?

고객감동

1. 고객을 '맞이하는 서비스 제공자나 미래의 서비스 제공자로서 손님에게 손님이 기대하지 못했던 서비스를 제공하거나, 특별한 서비스를 제공할 수 있는 방법들에는 어떤 것들이 있을 수 있을까? 몇 가지 아이디어를 나열하시오.

_____

_____

_____

2. 어떻게 하면 고객과 감정적 동화를 이루거나 손님의 요구에 더 세심해 질 수 있습니까?

_____

이와 관련하여 여러분이나 다른 서비스 제공자가 행하였던 경험의 순간을 이야기 하시오.

_____

_____

_____

3. 어떻게 하면 서비스 제공자들이 손님과 더욱 넓은 공감대를 확립할 수 있습니까?

_____

이와 관련하여 여러분이나 다른 서비스 제공자가 행하였던 경험의 순간을 이야기 해 보세요.

_____

_____

_____

4. 어떻게 하면 서비스 제공자들이 손님들과의 감정이입 상태를 더욱 발전시킬 수 있습니까?

_____

이와 관련하여 여러분이나 다른 서비스 제공자가 행하였던 경험의 순간을 이야기 해 보세오.

_____

_____

_____

영국에서 뮤지컬 공연을 보려고 예매 티켓을 샀으나 공연장에 도착하여 그만 티켓을 잃어버린 것을 알았다. 당혹스러운 마음으로 혹시나 하고 안내 직원에게 사정 이야기를 했다.

"혹시 좌석 번호를 기억 하느냐?"는 직원에 기억나지 않는다고 하자, 예약이 되지 않은 자리로 안내 해 주며 "지금은 뒷좌석 밖에 줄 수 없어 미안하다"하는 친절한 말도 덧 붙였다.

추가사례 #2 — 기대치 못 했던 공무원의 서비스 마인드

경기도의 한 시민이 불가피한 사정으로 취득세를 내지 못하고 있다가 걱정되어 파주 시청에 전화했다. 어려우면 분납이 가능하다는 말을 담당자로부터 듣고 다 내지 못하고 일부만 납부했다. 며칠 후 파주 시청에서 뜻밖의 전화가 걸려온 것이었다. "어렵게 내주신 세금 정말 감사합니다. 아껴서 꼭 필요한 데 쓰겠습니다."라는 감사의 말을 전해 왔다. 지끔껏 세금을 내 왔지만, 이런 상쾌한 충격과 감동은 처음이었다고 그 시민은 말 하는 것이었다.

★☆ 우리가 한마디로써 상대에게 신선한 감사를 드릴 수 있는 경우를 생각 해 봅시다.

추가사례 #3

수채화 물감이 필요해서 물감을 하나 샀다. 집에 와 뚜껑을 열어보니 고무줄이 놓여 있는 것이 아닌가? "아하!" 학생 시절 책가방에 물감을 넣고 다닐 때 번번이 물감들이 가방 속에서 이리 저리 굴러 다니던 기억은 누구에게나 이상한 것이 아닐 것이다. 작은 배려가 따듯하게 느껴지는 것은 다름 아닌 눈높이를 같이 하려는 노력이 마음에 와 닿았기 때문일 것이다.

★☆ 조그만 배려에 고개가 끄덕여 지던 경험을 말 해봅시다.

15. 고객에게 도움 제공

고객 서비스업을 이용하는 고객들은 필요할 때, 풍부한 지식을 갖춘 직원이 도와주기를 바라고 기대한다. 일반적으로 고객들은 구입해보지 않은 물건을 처음 살 때, 판매원의 조언을 듣기를 원한다. 예를 들어 고객이 자동차를 구입할 때, 만약 판매원이 자동차의 장단점이나 16개의 밸브를 장착한 엔진의 우수성을 설명하지 못한다면, 그 고객은 자동차 구입을 포기할 수도 있다. 또 보험 설계사가 기간제 보험과 평생보험의 차이점을 설명하지 못한다면, 고객은 그 보험에 들지 않을 것이다. 고객은 서비스하는 직원이 판매하는 상품에 내한 지식을 갖추고 있기를 바란다. 이러한 사실은 특히 고객 서비스업 종사원들에게 더욱 해당되는 것이다.

상품에 대한 지식

호텔 프런트 데스크 직원의 업무 중의 하나는 고객에게 호텔이 제공하는 상품, 즉 서비스를 판매하는 것이다. 그러므로 프런트 데스크 직원은 상품에 대한 모든 특징과 장점에 대해 잘 숙지하고 있어야 한다. 고객이 원하는 것은 바로 이것이다. 와인을 판매하고 서비스하는 직원은 와인 리스트 내용을 잘 알고 있어야 하고, 음식을 서비스하는 식당의 직원은 식사가 어떻게 준비되고, 어떤 모양이며, 맛은 어떤지 등 메뉴에 대해 완벽히 알고 있어야 한다. 이 원칙은 상황, 장소 또는 업종에 상관없이 모든 고객 서비스에 적용된다.

산타 바바라 식당에서의 저녁식사는 그에게 매우 실망스러웠다. "서비스 종업원에게 와인을 추천해 달라고 했어요. 그녀는 '무슨 와인을 좋아하냐'고 묻더군요. 전채 요리를 주문할 때, 적당한 와인을 추천해 달라고 했고, 그녀는 어떤 와인이든 요리와 잘 어울린다고 했어요. 종업원에게 해산물 잠발라야 요리에 혹시 고기가 들어가는지 물었더니 안 들어간다고 하더군요. 나는 채식주의자라서 그 음식을 주문했어요. 그리고 음식을 받고 나서야 안에 소시지가 들어있는 것을 알았지요. 종업원에게 왜 소시지가 들어 있냐고 물었더니 그녀는 "소시지는 고기가 아닙니다. 고객께서 말씀하신 고기는 고기 덩어리를 의미하는 줄 알았습니다." 라고 하더군요. 하도 기가 막혀 난 고개를 저으며 와인이나 한잔 더 달라고 했죠.

고객 도와주기

직원의 상품에 대한 지식은 고객이 구입을 결정하도록 도와준다. 식당을 이용하는 고객들은 자주 식단에 관한 조언을 구하고, 호텔의 고객은 객실에 대해서, 여행사 고객들은 목적지에 관한 조언을 필요로 한다. 상품을 처음 구매하는 고객은 직원의 조언에 특히 민감해서 "다 좋아요", "정확히 말씀드릴 수 없네요." 또는 "잘 모르겠습니다." 라는 답을 들으면 고객이 기대했던 직원의 도움과는 큰 차이가 생기는 것이다.

자주 여행을 다니는 한 여행자의 이야기이다. "직업이 영업사원이라서 여행을 자주 다닙니다. 방문한 도시마다 내가 머무는 호텔의 프런트 데스크 직원한테 추천받아 굉장히 좋은 식당을 몇 군데 알게 되었어요. 이건 마치 게임처럼 흥미로웠죠. 나는 호텔에 투숙할 때마다 매번 다른 종류의 식당을 추천해 달라고 부탁하지요. 한 번은 이탈리아 식, 어떤 때는 태국 식

그리고 또 어떤 때는 그리스 식 처럼요. 호텔 직원들은 자기들이 추천하는 곳들이 정말 좋은 식당이라고 믿어요. 내가 도착할 때를 예상하고, 다음에 가 볼 만한 식당을 미리 생각하고 있지요. 덕분에 수년간에 걸쳐 정말 나 혼자서는 찾을 수 없고, 객실에 비치된 호텔 추천 식당 리스트에 있는 것보다 훨씬 좋은 식당들을 많이 알게 되었어요."

금지언어

고객 서비스 제공자로서 고객에게 하지 말아야 할 다섯 가지 문구를 알고, 여러분의 머리에서 완전히 지워버려야 한다. 다섯 가지 금기 문구는 다음과 같다.

1. 모르겠습니다.
2. 할 수 없습니다.
3. 고객께서 ……. 해야 합니다.
4. 잠깐만요. 곧 다시 오겠습니다
5. '안됩니다 ' 로 시작하는 말

이 다섯 가지 금기 문구들은 일반적으로 고객에게 도움을 주겠다는 마음이 부족한 것을 각기 다른 말로 나타낸 것이다. 고품질 서비스가 이루어지려면, 서비스 제공자가 위의 다섯 가지 문구를 피하고 〈표 15.1〉에 나타난 것처럼 긍정적인 문구로 바꾸어 말해야 한다.

왜 긍정적인 문구가 고객에게 더 호감을 주는 말인지 좀 더 잘 이해하기 위해서 다섯 가지 금기 문구를 구체적으로 살펴보자.

"모르겠습니다" : "모르겠습니다" 의 가장 큰 문제는 부정적이라는 점이다. 여러분이 모르는 것은 문제되지 않는다. 고객 서비스 제공자가 되는 길은 배움의 연속이다. 항상 어쩔 수 없는 상황이나 대답할 수 없는 고객의 질문에 직면하게 될 수 있고, 이것은 피할 수 없는 사실이다. 그렇다면 어떻게 해야 할까? 여러분은 부정적인 말보다 항상 긍정적으로 대

그림 15-1

피해야 하는 문구	긍정적인 대안
모르겠습니다	찾아보겠습니다
할 수 없습니다	제가 할 수 있는 일은
해야 합니다	제가 도와드릴 것이...
"잠시만 기다리십시오. 곧 돌아오겠습니다."	제가 잠시 후에 다시 전화를 다시 드려도 될까요?
'아니다'로 끝나는 말	'네'로 시작하는 말

답하도록 노력해야 한다. 어떻게 대답할지 모르거나 어떻게 처리할 지 모르면 "알아보겠습니다", "확인해 보겠습니다" 와 같이 긍정적으로 대답해야 한다.

"할 수 없습니다" : 이 말도 또 다른 부정적인 대답이다. 부정적으로 말하면, 고객과의 협조적인 관계를 만들 수 없다 '우리는 할 수 없습니다.'라는 말은 고객 면전에 대고 문을 쾅 닫아 버리는 것과 마찬가지이며 고객과의 대화는 단절된다. 이렇게 해서는 문제의 해결책이나 고객과 협조적으로 어떤 대안도 찾을 수 없다. 제 10장의 편의제공에서 이미 언급했듯이, 고객들은 때때로 서비스 제공자에게 쉽지 않은 일을 요구한다. 고품질 서비스는 여러분의 태도에 달려있다. 다시 말해서, 고객에게 긍정적인 언어로 이야기해야 한다. 할 수 없는 것을 말하지 말고 할 수 있는 것을 이야기해야 한다.

"고객께서....해야 합니다" : 이 말은 제공되어야 하는 서비스에 대한 책임을 서비스 제공자가 아닌 고객에게 떠넘기는 말이다. 그러므로 이 말로 시작하는 것은 고객과 협조적인 관계를 만드는데 좋지 않다. 그리고 여러분이 해야 하는 문제해결을 고객에게 떠넘기는 것이다. 또한 이 말은 고객을 비난하거나 고객이 잘못했다는 느낌을 줄 수도 있다. 비록 고객이 정말 잘못했다고 하더라도, 고객에게 이런 느낌을 주는 것은 피해야 한다. 좀 더 협조적으로 말하려면 "저는 이것을 권장합니다.", "다른 고객들께서는 이렇게 합니다.…", "제가 도와드릴 수 있는 것은 … " 등으로 말해야 한다.

"잠깐만요. 곧 다시 오겠습니다" : 이 말의 문제점은 보통 이 말이 거짓말이 된다는 것이다. 전화통화를 하든, 얼굴을 맞대고 얘기하든, 고객에게 언제 다시 돌아와서 도와드릴 수 있는지 정확한 예정시간을 말하는 것이 좋다. 만약 몇 분의 시간이 걸린다면 그대로 말하면 된다. 고객의 통화 대기시간이 더 오래 지체될 것 같으면, 항상 전화를 다시 드리겠다고 하라. 그리고 나서 서비스가 지체되어 기다리게 한 것에 대해서 당연히 사과해야 한다. 두 번째 이 말의 잘못된 점은 "잠깐만요." 이다. 이 말은 고객에게 쓰기에 적절하지 않고, 또 고객이 참을성이 없다는 것을 뜻하기도 한다. "일이 분 이내에 돌아오겠습니다" 또는 "제가 다시 전화드려도 되겠습니까?" 또는 "시간이 좀 걸리겠네요. 기다려주시면 감사하겠습니다." 라는 말이 더 정중하고 예의 바른 표현이다.

"안됩니다."로 시작하는 말 : 이것은 다섯 가지 금기 문구 중에서도 절대 하지 말아야 할 말이다. "우리는 그렇게 할 수 없습니다."가 고객 앞에서 문을 닫는 것과 같다면 "안됩니다."로 시작하는 문구는 여러분과 고객 사이에 벽을 쌓는 것과 같다. '안된다' 라고 말하는 것은 고객에게 노골적으로 부정적인 입장을 드러내는 것이다. 이는 곧 더 이상의 대화를 하지 않겠다는 것을 의미한다. 더구나 이 말은 고객이 잘못했고, 실수했음을 뜻한다. 다시 말해서, 모든 고객 서비스 제공자는 고객에게 절대로 "안됩니다." 라는 말을 해서는 안된다. 대신 항상 긍정적으로 말해야 한다. 고객에게 거절해야만 한다면 "죄송합니다만"으로 시작해라. 그리고 나서 고객에게 무엇을 할 수 있고, 무엇을 하겠다고 이야기한다. 이것이 다른 무엇보다도 고객을 돕는 최선의 방법이다.

주요개념

1. 고객들은 익숙하지 않거나 잘 모르는 분야에 대해 결정할 때, 직원의 도움 받기를 바라고 기대한다.

2. 고객을 돕는 능력을 갖추기 위해 서비스 제공자는 상품에 대한 지식이 필요하다.

3. 고객을 도우려면 다섯 가지 금기 문구를 피하고 긍정적인 방법으로 말해야 한다.

주요용어

고객에게 도움 제공

상품 지식

다섯 가지 금기 문구

학습 및 토론 과제

1. 서비스 제공자가 고객을 돕기 위해 왜 상품에 대한 지식이 필수적입니까?

2. 고객들은 상품을 구입할 때, 어떤 상황에서 직원의 도움을 바라거나 필요로 합니까?

3. 다섯 가지 금기 문구의 문제점은 무엇입니까? 긍정적인 언어가 왜 더 좋습니까?

응용사례 연습 (25)

일반적인 고객 서비스 업체에서 서비스 제공자들이 고객들을 도울 수 있는 방법을 최소 10가지 이상 적어봅시다.

1. _____
_____
_____

2. _____
_____
_____

3. _____
_____

4. _____
_____
_____

5. _____
_____
_____

6.

7.

8.

9.

10.

객실승무원1년 차인 ***씨는 비행근무 시 항상 적극적으로 고객을 대하고 도움을 제공한다. 특히 유아를 동반하거나 나이 드신 승객이 여행 시 불편함이 없도록 자기 담당 구역이 아니더라고 세심하게 살핀다. 그날도 파리행 비행기에는 유아동반 승객이 4명 있었는데, 특히 28F 승객은 5살과 3개월 된 유아 2명과 여행하느라 탑승 때부터 지쳐보였다. 그녀는 승객의 짐 정리를 도와주고 승객이 한 숨 돌리자, 유아 동반 승객을 위한 안내 Leaflet, 비행 중 언제든 사용할 수 있도록 클리넥스, 쓰레기 처리 봉투를 드리고 기저귀 교환대의 위치와 사용법도 직접 보여드리며 안내했다. 승객이 미처 몰랐던 기내용 아기 바구니 서비스에 대해 알려드린 후, 여유분을 확인하고 제공했다. 또, 승객의 복편 여정을 확인하여 사전 어린이 식사 주문이 가능한 것과 메뉴를 고르는 것까지 도왔다. 승객은 "제가 괜한 걱정을 했나 봐요. 애들을 데리고 다니면서 이렇게 편하고 세심한 서비스는 땅에서도 못 받아봤거든요." 라고 했다.

안녕하세요. 저는 미국 영주권자로 애틀랜타 노크로스에 거주하는 ***입니다. 이렇게 글을 올리는 이유는 ○○항공 직원 한분의 엄청난 도움을 받았기 때문에 감사드리고 싶어서입니다. 8월 28일 새벽 12:30분 애틀랜타 발 인천행 비행기를 타기 위해 비행기 시간 2시간 반 전에 출발하였습니다. 도중에 사고가 나 차가 움직이지도 않더군요. 초조한 마음에 공항에 도착하니 11시 40분. 급하게 한국인 직원을 불러 달라고 했습니다. 여자분이셨는데 서둘러 사정을 이야기했습니다. 그러자 그분께서는 지금 같이 뛰자면서 조그만 체구의 여자 분이신데도 자기가 큰 짐 중 한 짐을 같이 들어다 주겠다고 했습니다. 보안 검색도 같이 받고, 신발도 같이 벗고 승객과 똑같이 검사도 받으시더군요. 큰 짐 보따리를 하나씩 들고 비행기까지 도착했습니다. 미안해 죽는 줄 알았습니다... 그 분이 직접 비행기 앞까지 제 짐을 끌고 가서 다시 거기 서있는 다른 직원에게 부탁하여 제 짐을 비행기에다 엘리베이터로 넣어 주시더군요. 전 너무 고마워서 20불짜리 4장을 꺼내어 그 분께 감사의 표시라고 팁 개념으로 드리려고 했더니 당연히 자기 할 일을 했다고 한사코 사양하시더라구요. 다시 자기 자리로 돌아가시는 분을 보며 제가 명찰에 달린 그 분 이름을 외웠습니다....^^여러분... 서비스란 그런 것입니다... 그런 분이 많이 있으셔야 ○○항공이 더욱 더 번창하고 좋은 항공사란 이미지가 더 커질 것입니다. 꼭. 꼭 그런 분 많이 채용해 주시기 바랍니다. 이제부터 다짐하건데. ○○항공만 이용하겠습니다.

인터넷으로 예매했다가 탑승인원이 변경되어서 전화예약을 했습니다. 상담원께서는 가능하시다며 예약변경을 해주셨습니다. 다음날 아침. 차가 막혀 탑승시간에 빠듯하게 공항에 도착했습니다. 티켓팅을 하려는 순간. 예약이 잘못되었다고. 다시 표를 끊어야 한다고 하시더군요. 예약은 xx항공에서 잘못해놓구선.... 다시 표를 끊어야 탑승이 가능하다? 상식불가더군요. 제가 화가나는 건 공항 탑승수속팀의 태도입니다. 물론 예약도 잘못되었습니다. 예약팀의 실수겠지요!!! 그럼. 그 실수에 대한 책임을 고객에게 전가시켜서 탑승 전까지의 30분 동안, 식은 땀 줄줄 흘리며 아이 셋 데리고 혼자 전전긍긍하며, 티켓팅에 계신 직원들의 어의없는 태도에 황당해하며, 결국 수하물 하나를 잃어버렸습니다. 더욱더 어의가 없는 건 예약팀 ○○○님입니다. 제가 항의했더니 죄송하다. 자기 연락처 알려줄테니 예약할 때 연락주시면 최선을 다해 모시겠다? 잃어버린 수하물 - 죄송하다 한마디로 해결되더군요. 제가 뭘 믿고 어떻게 다시 xx항공을 이용하겠습니까?

16. 판매 수단으로서의 서비스

다른 기업들처럼 고객 서비스 기업도 회사의 생존과 성공을 위해서는 판매가 중요하다. 판매없이는 사업도 없는 것이다. 따라서 서비스 그 자체를 목적으로 보는 것은 적절하지 않다. 서비스 자체는 무형이지만, 음식과 호텔 객실과 같은 상품으로 볼 수 있다. 즉 서비스는 특별한 기능을 제공하는 상품이다. 이러한 서비스의 기능은 판매를 활성화하거나, 촉진시키고 증대시킨다. 서비스는 수단이지 목적 자체가 아니다. 만약 서비스를 판매수단으로 보지 않는 고객 서비스 업체가 있다면 결국 사업실패의 결과를 낳게 될 것이다.

판매증진을 위한 서비스

서비스를 서비스 기업의 판매를 증대시키는 수단으로 보기 시작하면서부터 고품질 서비스를 보는 시각과 평가가 크게 변화되었다. 일반적으로 식당에서 음식을 서비스하는 직원은 음식을 주문받고, 주문받은 음식을 가져다 주는 일을 한다고 생각한다. 마찬가지로 호텔 프런트 데스크 직원의 일은 기본적으로 손님의 체크인과 체크아웃을 담당하는 것으로 본다. 여기서 중요한 점은 비록, 이 사람이 하는 일은 서로 다르지만, 요즘에는 식음료 서비스 담당자와 호텔 프런트 데스크 직원을 같은 시각으로 볼 필요가 있다는 것이다. 이런 직원들은 각자 개별적으로 판매 활동을 하는 것과 같기 때문이다. 백화점은 다양한 여러 종류의 상품들을 구비하고 있으며, 보험회사들은 여러 명의 영업사원들이 근무한다. 대부분의 회사들은 상품과 서비스를 판매하기 위해 여러 종류의 영업사원을 운영한다. 고객 서비스 사업도 마찬가지이다.

판매기법의 필수사항

고품질 서비스에서 판매원이 갖추어야하는 자질 중의 하나인 효과적인 판매기술은 인간의 다양한 특성에 대한 이해와 지식을 필요로 하며, 판매원과 고객 사이에 공감대가 형성되어야 한다. 또한 판매원이 고객의 욕구와 원하는 것을 이해하고 만족시킬 수 있도록 어느 정도 감정이입도 필요하다. 이것은 각각의 직원들이 서비스를 판매할 때의 기본원칙들이다. 즉 고객에게 서비스를 판매할 때는 판매원의 입장에서 인간관계 기술이 필요하다. 이 기술은 다음과 같다.

- 서비스를 판다고 생각하는 판매원의 자세
- 고객에게 상품과 서비스에 대한 적극적인 설명
- 판매할 서비스의 특별한 점 설명
- 판매할 서비스의 장점 설명

위에서 말한 고객 서비스 제공자의 판매기법에 대해 좀 더 자세히 알아보자.

판매원의 자세

이것은 능률적인 판매원이 갖추어야 할 첫 번째 필수사항이다. 여러분은 적극적으로 판매원의 자세를 갖도록 노력해야 한다. 이것은 단순히 판매에 참여하겠다는 것 뿐만 아니라, 판매에 적극적으로 나서겠다는 것을 의미한다. 또한 여러분이 배우려는 마음가짐으로 스스로 자신의 판매기술을 향상시키겠다는 것을 뜻한다. 더 나아가서 판매기법 개발을 업무와는 상관없는 추가사항이 아니라, 복합적인 업무 중의 하나라고 보는 것이 중요하다. 많은 고객 서비스 제공자들은 자기가 개인적으로 좋아하는 상품과 서비스를 선택하여 판매할 때, 더 진실되고 적극적인 태도를 가질 수 있다.

상품에 대한 정보제공

서비스 제공자는 효율적인 판매를 위해 고객들에게 무엇을 살 수 있는지 알려주어야 한다. 이는 효율적인 판매를 위한 정보공유의 단계이다. 고객들은 제공받을 수 있는 여러 가지 선택사항들을 모두 다 알지는 못한다. 따라서 고객들이 모든 서비스 정보를 잘 알고 선택할 수 있도록 충분한 정보를 제공하는 일은 여러분의 중요한 업무이다. 대부분의 고객들은 상품정보에 대해서 안내서 등을 읽는 것보다 말로 듣는 것을 더 좋아한다. 따라서 이런 사항들을 고객이 읽도록 프린트하지 않고, 고객에게 상품이나 서비스에 대해 말로 설명하는 경우가 더 많다. 예를 들면, 식당의 오늘의 특별 메뉴, 호텔의 객실 특별 요금이나 여행 비용 등이 있다.

● 고품질 서비스 명예의 전당

한 음식점의 서비스 제공자가 고객에게 던진 잊지 못할 한마디가 있다. "마침 마지막 치즈 케이크 한 조각이 있는데 이 케이크가 ―저를 사주세요―라고 손님을 부르고 있는것 같네요"

한 유명한 음식점의 서비스 담당자의 성공적 판매 기법의 비밀은 식단 종류마다 자기가 좋아하는 음식을 하나씩 가지고 있는 것이다. 좋아하는 와인, 좋아하는 닭고기 요리, 소고기 요리, 생선 요리 그리고 파스타 요리 등이 있다. 그는 값비싼 요리를 추천하거나 팔아서 고객의 신용을 잃는 짓은 하지 않는다. 자기가 좋아하는 요리가 가장 비싼 음식은 아니지만, 그 요리에 대해 매우 정성스럽게 설명한다. 그를 찾는 모든 고객은 그의 성실성에 고마워하고, 그는 항상 다른 동료 서비스 제공자보다 훨씬 많은 팁을 받는다.

서비스의 특징 설명

고품질 서비스에는 상품 지식이 꼭 필요한 또 다른 분야가 있다. 팔려고 하는 상품에 대한 최신 정보를 완벽하게 알고, 그 정보를 고객에게 설명할 수 있어야 하는 것이다. 또한 효율적인 서비스 제공자는 특정 상품과 서비스에 대해 설명할 때, 인상적인 단어를 잘 사용한다 . 예를 들면, 초콜릿 소스를 설명할 때, '진하고 풍부한' 이라든가 음료수를 설명할 때 '순하고 가벼운' 이라는 표현을 사용하고. 호텔 객실에 대해서는 '전망 좋고, 밝고, 통풍

이 잘 되는 방'이라고 설명할 수 있다. 어떤 표현을 선택하든지 열성적이고 성실하게 고객을 대하는 것이 중요하다.

서비스의 장점 표현

모든 고객 서비스 제품을 구매하는데는 항상 장점이 따른다. 서비스 상품들은 이러한 장점을 스스로 드러내지는 않는다. 효율적인 서비스 제공자는 항상 어떤 서비스상품이든 판매하는 상품에 대해 한 두 가지의 장점을 고객에게 알려 준다. 이 때가 바로 여러분의 긍정적 태도가 드러나는 순간이다. 고객에게 항상 좋은 점을 강조해라. 이 말은 당신이 파는 서비스에 대하여 항상 좋은 점을 알리라는 뜻이다. 장점을 효과적으로 말한다는 것은 꼭 장황하게 설명하라는 것이 아니다. 일상적인 몇 마디 말로도 장점을 표현할 수 있다. 자주 쓰는 표현의 예를 들면 다음과 같다.

- 마음에 드실 겁니다.
- 정말 맛있습니다.
- (이 메뉴는, 이 상품은) 오늘 고객들에게 아주 인기가 좋습니다.
- 충분한 가치가 있습니다.
- 대단한 가치가 있습니다.
- 양이 많아서 두 분이 드셔도 충분합니다.
- 아직 맛보지 않으셨다면 오늘 꼭 드셔보세요.
- 매우 편안합니다.
- 다른 고객들이 정말 좋아합니다.
- 탁월한 선택입니다.

● 고품질 서비스 명예의 전당

한 호텔 지배인은 자기가 관리하는 프런트 데스크의 여직원이 매우 열정적으로 일한다고 이야기했다. 그 여직원은 고객이 체크인 할 때면, 항상 그 호텔에서 제공하는 서비스와 특별 프로그램에 대해 이야기합니다. 직원교육 시간에 그녀의 이런 접객응대 방법에 대해 물어봤더니 그녀는 이렇게 말하더군요. "우리 호텔에는 흥미롭고 재미있는 프로그램이 많습니다. 만약 우리 고객들이 이런 좋은 프로그램들의 장점을 몰라서 즐기지 못한다면 정말 안타까운 일이라고 생각해요."

경험 판매

고객 서비스 업체에서 판매하는 것은 대부분 물건 등을 판매하는 판매업체와는 다르다. 의류점에서는 옷을 팔고, 자동차 대리점에서는 자동차를 팔지만, 고객 서비스 업체들은 음식, 호텔 객실과 관광 상품만이 아닌 그 이상의 것을 판매한다. 가치, 편안함, 안전, 분위기, 재미 그리고 흥미로움도 판매한다. 즉 고객에게 종합선물세트같은 경험을 판매하는 것이다. 그리고 서비스 제공자는 각 개인의 서비스 능력으로 고객이 이런 경험을 할 수 있도록 만든다. 고객 서비스 제공자가 이런 생각을 가지고 고객을 대할 때, 판매기술은 한 단계 향상된다.

고객이 생각하는 좋은 서비스는 고객에 대한 존중, 직원의 재치, 배려, 보살핌 등과 같은 인간적인 요소들이다. 또한 판매팀에게는 지식과 조언도 필요하다. 서비스 업체를 이용하는 고객들은 일을 재촉하거나, 불쾌하고 무례한 종업원이 서비스 하는 것을 원하지 않는다. 물건을 파는 업체에서도 이런 불쾌한 직원의 판매태도를 질색하는데 하물며 고객 서비스 업체에서 이런 대접을 한다면 과연 참을 수 있을까? 고객들은 서비스라는 상품을 구매할 때는 언제나 재치있고, 친근하고, 업무지식이 풍부한 직원의 도움을 기대한다. 서비스를 받을 때, 고객이 항상 자기가 지불한 돈 만큼의 가치를 받았다고 느끼도록 해야 한다. 또 존중받고, 정중하게 대우받았다고 느끼도록 해야 한다. 결론적으로 숙련된 서비스 판매기술과 고품질 서비스는 같은 것이다.

주요개념

1. 고객 서비스는 판매를 촉진시키고 증가시킨다.

2. 서비스를 제공하는 일은 고객에게 물건을 판매하는 것과 같다.

3. 서비스 제공자가 개발해야 할 네 가지 판매기술은 서비스를 판매한다는 마음을 가지고, 고객들에게 서비스에 대해 적극적으로 홍보하고, 판매하는 서비스 상품의 특징을 설명하고, 구매 시의 장점을 알려주는 것이다.

4. 고객 서비스 업체는 고객에게 서비스를 구매하면서 느끼는 총체적 경험을 판매한다.

주요용어

고객에게 서비스에 대해 알려주기

서비스의 특징

서비스 구매 시의 장점

판매관점

서비스 구매 시 고객이 갖는 경험

학습 및 토론 과제

1. 고품질 고객 서비스는 왜 목적이 아닌 수단으로 보아야 합니까?

2. 고객 서비스 제공자가 판매원의 자세를 가지는 것이 왜 중요합니까?

3. 고객에게 제공하는 서비스에 대해 적극적으로 알려주는 것이 왜 중요합니까?

4. 서비스의 특징과 장점을 설명하는 것이 효율적인 판매를 위해 왜 중요합니까?

응용사례 연습 (26)

판매기법

1. 고객 서비스 업체에서 파는 상품 또는 서비스에는 어떤 것들이 있는지 적어보시오.

_____

_____

_____

2. 위에서 적은 상품/서비스를 어떻게 고객에게 잘 알릴 수 있습니까?

_____

_____

_____

3. 서비스 제공자가 고객이 더 좋은 선택을 하도록 할 수 있습니까?
있다면 어떤 방법이 있습니까?

_____

_____

_____

4. 특정한 고객 서비스 상품/서비스를 찾아서 적어보시오.

_____

_____

_____

그 상품/서비스를 판매하기 위해 어떤 표현을 사용하면 좋습니까?

_____

_____

_____

5. 여러분이 고객 서비스 업체의 고객입장이었던 때를 생각해 보고, 그때 서비스 제공자가 고객에게 더 잘 할 수 (판매할 수) 있는 방법이 있었는지 생각해 보시오.

_____

_____

_____

응용사례 연습 (27)

서비스의 특징과 장점 설명

고객 서비스 업체에서 파는 가장 일반적인 상품/서비스 8개를 왼쪽 칸에 적어 보시오. 서비스 제공자가 각각의 상품/서비스를 효율적으로 판매할 수 있도록 상품/서비스의 특징과 장점을 설명해봅시다.

서비스/상품	특 징	장 점

제가 자주 가는 집 근처의 GS 슈퍼마켓은 다른 마켓과 다른 큰 장점이 있습니다. 바로 계산대에 있는 한 계산원입니다. 나이가 좀 있는 아주머니인데, 계산을 할 때면, 항상 "오늘은 이 상품을 구입하는 게 좋아요. 싸고 좋은 상품을 잘 고르셨네요. 오늘은 이 쿠폰을 쓰시고, 할인율이 큰 쿠폰은 다음에 많이 구매하실 때 사용하세요." 등 알뜰 정보를 마치 자기 일처럼 제공해 준다. 한 번은 현금이 모자란 적이 있었는데, "포인트 카드로 결제하세요. 이럴 때 포인트 카드를 쓰시는 거지요^^." 내가 미처 생각지도 못했던 쇼핑팁을 아주 적절하게 알려준다. 그 계산원을 대하면 슈퍼마켓의 직원이라기보다는 오히려 내 편에 서서 내가 더 알뜰하게 쇼핑하고, 좋은 상품을 저렴한 가격에 살 수 있도록 준비하고 있다는 생각이 든다. 그 계산원의 말은 '상품을 많이 팔기 위한 상술이 아닌 정말 고객의 입장에서 잘 도와주는 직원이구나' 하는 신뢰감이 들게한다. 더 싸긴 하지만, 쇼핑객이 많아 기능적이고 업무위주인 옆 대형마트보다 이곳을 자주 이용하는 이유이다.

광고회사 실장인 **씨는 음식에 대한 기호가 까다로워 식당을 고르는 것도 쉽지 않고, 한번 간 곳의 맛이나 서비스가 맘에 들지 않으면 다신 찾지 않는다. 이런 그가 주위 사람들에게 적극적으로 칭찬하고 권유하는 단골식당 중의 하나는 일식회전 초밥 식당이다. 개방식 주방을 지휘하는 요리사 ** 과장 때문이다. 그는 단골 고객의 기호를 파악하여 먼저 고객이 좋아하는 생선의 초밥들을 바로 쥐어서 골고루 한 접시에 담아 테이블에 올려준다. 벨트 위에서 계속 돌아가는 마른 초밥을 집을 필요가 없다. 특히 그날의 신선한 재료를 반드시 고객에게 소개하고 권한다. 더욱 매력적인 것은 그가 주로 권하는 것은 소위 금테 두른 한 접시 만 원 단위가 넘는 비싼 메뉴가 아니라, 저렴하지만 그날의 정말 신선하고 특별한 메뉴라는 점이다. "오늘은 방어가 아주 신선합니다. 가격도 좋으니 꼭 드세요.", "아구 간 좋아하세요? 감칠 맛 나는 것이 아주 맛있습니다. 오늘 꼭 드셔보세요.", "해삼 내장은 간장없이 드시는 게 더 깊은 맛을 느낄 수 있습니다." 덕분에 **실장은 즐기는 초밥 메뉴도 더 다양해지고 접대 할 일이 있으면 꼭 이 식당을 선택한다. 상술이라기 보단 그가 만드는 초밥에 대한 자신감과 고객이 진정 좋은 메뉴를 즐길 수 있길 바라는 그의 진심을 경험하기 때문이다.

주말 점심을 위해 남편과 코엑스 지하의 레스토랑에 들렀다. 대부분의 패밀리 식당들이 그렇듯이 들어서자마자 몇 명의 직원들이 합창으로 "안녕하십니까?"를 외친다. 이런 인사는 너무 보편화되고 기계적이라 친절하다거나 감동적이지 않은지 오래됐다. 다들 무표정한 얼굴로 소리들만 질러대니까... 오늘 특히 황당했던 건 자리를 안내하는 여직원이었다. 우리를 입구에서 자리까지 안내하면서 뒤 한 번 돌아보지 않았고, 우리가 자리에 앉은 뒤 메뉴에 대한 설명을 하는데 eye contact도 없이 허공을 보고 혼자서 뭐라고 중얼거리고 가버리려는 게 아닌가? 남편이 어이없어 다시 불러 "도대체 뭐라고 한 거예요?" 물었더니 " 오늘 주말이라 런치 스페셜 메뉴 없다구요." – 내용도 unhappy한데 말하는 태도마저 황당하기 이를 데 없었다. 가식적으로라도 웃는 얼굴을 들이대는 요즘에 보기 드문(?) 황당한 경우이다. 안 그래도 음식도 그저 그런데 인터넷에 한번 띄어주면 다음번엔 좀 나아지려나?

17. 문제 해결

고객의 문제를 능숙하고 우아하게 해결하는 능력은 고품질 서비스를 위한 최종 시험관 문과 같다. 이 서비스 능력이 중요한 이유는 고객의 모든 서비스에 대한 기대가 서비스를 제공하는 각 개인의 자질에 따라 충족되기 때문이다. 서비스 제공자에게는 섬세한 태도, 언어 구사능력, 상황에 따른 행동요령 등이 필요하다. 고객은 신속하고, 원만하게, 조용히 그리고 능숙하게 문제가 해결되기를 바란다. 고객은 문제가 제대로 파악되었는지, 무슨 조치를 해 줄 것인지 알고 싶어한다. 필요시엔 적절한 사과를 받으며 자기가 원하는 방향으로 문제가 해결되기를 바란다. 가장 중요한 점은 고객은 자기의 문제를 알리고 해결해 주기를 바란다는 것이다.

여기서 고객의 기본적인 네 가지 서비스 욕구를 다시 한번 상기해 보자. 문제가 발생하면 무엇보다 고객을 이해하고 존중하는 것이 중요하다. 이것은 고객이 서비스를 위해 많은 업체들 중 바로 당신의 업체를 선택했기 때문이다. 고객과 함께 문제를 해결하는 중요한 첫 단계는 네 가지의 고객 서비스 욕구에 따라 하나씩 해결하는 것이다. 네 가지의 기본욕구는 다음과 같다.

1. 이해 받고 싶은 욕구

2. 환영 받고 싶은 욕구

3. 편안함/안락한 느낌에 대한 욕구

4. 존중 받고 싶은 욕구

고객의 이러한 기본욕구를 알면 문제를 해결하는 다섯 가지 원칙을 쉽게 이해할 수 있다.

우리 동네에 있는 한 레스토랑에서 황새치 생선요리를 주문했어요. 주문한 요리가 나왔을 때, 생선이 한 쪽만 구워졌다는 사실을 알았지요. 서비스 직원에게 지적했더니, 그는 미안하단 말도 없이 내 생선 접시를 낚아채듯이 가져갔습니다. 약 10분 후쯤 다시 와서 접시를 내밀더군요. 그는 "여기 생선요리 나왔습니다. 이번에는 괜찮았으면 좋겠네요." 라고 얄밉게 말하고, 내 대답은 기다리지도 않고 횡하니 가버렸습니다. 이번에는 생선 양 쪽이 다 익혀져 있더군요. 접시에는 약간의 볶음밥도 추가로 나왔는데 아마 아까의 실수를 좀 만회해 보려는 거였겠죠.

문제해결

고객의 문제를 성공적으로 능숙하게 해결하는 방법은 기본적인 고객의 서비스 욕구를 알고, 그리고 문제해결의 다섯 가지 원칙에 따라 서비스하는 것이다. 능숙한 문제해결은 서비스 제공자가 다음과 같이 차례로 행동할 때 가장 잘 이루어진다.

1. 고객의 문제를 경청한 후 복창하여 확인
2. 고객의 문제를 이해/공감
3. 고객에게 사과
4. 서로 일치하는 해결책 모색
5. 고객에게 감사

이상은 고객이 불만을 제기했을 때, 여러분이 취해야 할 행동절차이다. 왜 이렇게 행동해야 하는지 근본적인 이유를 알고, 여러분이 스스로 고품질 서비스 기술로 활용할 수 있도록 각 항목을 좀 더 자세히 살펴보자.

경청과 확인

고객불만을 처리하는 첫 번째 단계는 주의깊게 경청하여 고객의 실제 불만이 무엇인지 파악하는 것이다. 불만내용을 완전히 이해한 후, 고객이 말한 그 불만내용을 다시 한 번 복창하여 확인해야 한다. 이렇게 고객의 불만내용을 다시 한번 확인하는 이유는 어떤 종류의 불만인지 그리고 무엇과 관련된 불만인지 고객과 정확하게 재확인하기 위해서이다. 이렇게 하면 고객의 불만 내용이 정확하게 전달되었음을 고객에게 확인시킬 수 있다.

이해/공감

이 단계는 분노, 짜증, 실망과 같은 고객의 감정을 이해하고 공감하는 단계이다. 이 능력을 활용해 보자. 예를 들면 "고객님께서 어떤 기분이신지 이해합니다." 또는 "제가 같은 입장이었어도 화가 났을 겁니다." 라고 말해 보자. 여러분이 고객의 감정을 이해한다고 말하는 것은 고객의 곤란한 상황에 대해 마음을 열고 적극적으로 문제해결을 위해 노력하겠다고 표현하는 것이다. 이것은 여러분이 고객을 이해하고 돕겠다는 뜻을 나타냄으로써 고객을 좀 더 편안하게 해줄 수 있다.

사과

일단 문제가 무엇인지 그리고 고객의 기분이 어떤지 알게 되면 이제 미안한 마음을 표현해야 한다. 여러분이 불만에 대한 문제를 일으킨 당사자가 아니더라도 고객에게 사과하는 것이 중요하다. 원인과 책임이 어디에 있던지 고객이 그런 상황에 처하게 된 것에 대해 사과를 해야한다.

해결책 모색

이 단계는 고객과 서비스 제공자가 함께 문제를 해결하는 과정이다. 문제를 가장 잘 해결할 수 있는 방법을 결정할 때 고객을 참여시켜야 한다. 고객에게 문제 해결방법을 직접 물어 보거나 또는 서비스 제공자가 특정 해결 방안을 제시할 수도 있다. 어느 것이든 그 해결책에 대해 서로 동의하는 것이 중요하다. 이렇게 하면 쓸데없이 문제를 되풀이해서 얘기하거나 서로 비난하는 대신 여러분과 고객의 에너지를 건설적인 문제해결에 집중할 수 있다. 또한 이 방법은 화난 고객을 진정시키거나 고객을 달래는데도 많은 도움이 된다.

감사

불만을 제기한 고객에게 항상 감사해야 한다. 그 이유는 만약 고객이 불만을 얘기하지 않았다면, 여러분은 그런 문제가 있는 것을 모르고 지나칠 수도 있기 때문이다. 문제를 모른다면 그 문제를 미리 예방하거나 최소화하기 위해 아무것도 할 수 없다. 바로 이것이 고객이 불만을 이야기 할 때마다 고객에게 감사해야 할 이유이며, 고객이 여러분에게 큰 도움을 주는 것이나 마찬가지다. 고객불만은 여러분이 업무에 대한 필요한 긴장감과 더 많은 업무지식을 갖춘 서비스 제공자가 될 수 있도록 해 준다. 불만사항을 알고 있으면 뭔가 대책을 세울 수도 있고, 더욱 중요한 것은 그런 일이 다시 발생하지 않도록 미리 예방하는데 도움을 준다는 것이다. 고객불만은 고객서비스 담당자에게 값으로 따질 수 없을 만큼 매우 가치 있는 피드백을 주기 때문에 고객에게 큰 소리로 "감사합니다."라고 할 만한 가치가 있다.

● 고품질 서비스 명예의 전당

우리는 오후 늦게 비행기로 덴버에서 LAX(로스엔젤레스 공항)에 도착했어요. 우리 아이들과 나는 곧장 수하물 찾는 곳으로 갔지요. 가방은 도착했지만, 스키와 스노우보드는 보이지 않았어요. 난 아이들에게 짐을 보라고 하고 서비스 창구로 갔지요. 서비스 창구 여직원은 무척 피곤해 보였지만 아주 친절했어요. 그녀는 우리의 스키와 보드가 어디에 있는지 알아보려고 했지만 별 소용이 없었어요. 그녀는 덴버에서 오는 다음 비행기가 도착할 때까지 기다려 보자고 했어요. 한 30분 정도 기다려야 될 것 같다고 하더군요. 우리 아들은 바로 다음날 타호 호수 스노우보드 여행 일정 때문에 매우 안절부절 했어요. 서비스 창구의 여직원은 늦어도 다음날까지 우리 집주소로 잃어버린 물품을 보내주면 어떻겠냐고 했지만, 그런 말은 우리 아들에게 통하지도 않고 아무 소용도 없었어요. 아들은 그녀에게 좀 짜증을 냈지요. 우리가 할 수 있는 건 다음 비행기를 기다리는 것 뿐이였죠. 그런데 너무 다행스럽게도 우리 스노우보드와 스키가 과대수하물 특별구역에서 나오고 있었어요. 그날 아주 피곤해 보였지만, 우리를 적극적으로 도와준 항공사 서비스 직원은 밝은 표정으로 항공료 할인권까지 듬뿍 주었고, 우리는 지쳤지만 편안한 마음으로 공항을 나올 수 있었어요.

보상

능숙한 문제해결의 목적는 고객이 문제의 해결책에 만족하고 행복해 하도록 하는 것이다. 이것이 해결책을 결정할 때, 고객 참여가 절대적으로 중요한 이유이다. 해결책에는 일반적으로 고객에 대한 여러 종류의 보상이 포함된다. 일어나면 안 될 일이 고객에게 발생하면, 고객은 여러 가지로 - 그날의 숙박과 식사 또는 다음에 사용할 수 있는 각종 티켓, 호텔룸, 식권과 같은 - 보상 받으려는 욕구가 있다. 이는 서비스 제공자가 경험, 재량 그리고 상식에 따라 처리할 수 있는 부분이다. 문제를 겪은 고객에게 어느 정도 보상해야 하는지에 대해 아주 딱 맞는 정형화된 답은 없다. 그러므로 고객에게 제시한 문제해결방법이 마음에 드는지 물어보는 것이 좋다. 능숙하고 우아하게 문제를 해결하는 것은 고객과 상호돕는 과정이라는 점을 기억해야 한다. 만약 문제의 성격상, 고객의 요구가 불가능하거나 정당하지 않으면, 서비스 제공자는 그 요구를 왜 받아들일 수 없는지 설명하고, 대안을 제시해야 한다. 경험상 대부분의 경우에는 상호 합의된 해결책이 가장 좋다. 불만을 가진 고객이 문제해결 과정에서 만족하지 않고 가버리면, 그 고객은 분명히 다음 번에는 여러분의 경쟁사를 선택할 것이다. 그러므로 고객과의 상호합의는 매우 중요하다.

주요개념

1. 능숙한 문제해결을 위해 고객의 네 가지 서비스 욕구를 이해해야 한다.

2. 고객과 협조하며 능숙하게 문제를 해결하기 위한 다섯 가지 원칙이 있다.

3. 일반적으로 문제를 해결하는 방법에는 고객에 대한 보상이 따라야 한다.

주요용어

고객에 대한 보상

문제해결의 다섯 가지 원칙

학습 및 토론 과제

1. 고객의 문제나 불만 사항을 처리할 때, 왜 고객의 네 가지 서비스 욕구를 아는 것이 중요합니까?

2. 문제해결의 다섯 가지 원칙에서 각 원칙의 목적과 그 원칙을 따르는 이유는 무엇입니까?

3. 고객문제나 불만사항을 처리할 때, 고객에 대한 적정의 보상이 왜 필수적입니까?

응용사례 연습 (28)

능숙하게 문제 해결하기

1. 고객 서비스업을 이용하는 고객의 입장 또는 서비스 제공자로서의 경험에서 볼 때, 고객 불만사항이나 문제를 다루는 기술을 향상시키기 위해 서비스 제공자는 어떻게 해야 합니까?

_____

_____

_____

_____

2. 서비스 제공자는 고객의 감정을 이해하고 있다는 것을 고객에게 확신시키기 위해 어떻게 해야 합니까?

_____

_____

_____

_____

3. 서비스 제공자는 고객에게 환영한다는 느낌을 주기 위해 어떻게 해야 합니까?

_____

_____

_____

_____

4. 서비스 제공자는 고객에게 편안함을 주기 위해 어떻게 해야 합니까?

_____

_____

_____

_____

5. 서비스 제공자는 고객에게 존중받는 느낌을 주기 위해 어떻게 해야 합니까?

_____

_____

_____

_____

응용사례 연습 (29)

고객불만/문제에 대응

고객이 서비스 제공자에게 제기하는 일반적인 불만이나 문제들을 생각해 보고, 서비스 제공자가 어떻게 대처해야 하는지 적어봅시다.

<table>
<tr><th>고객불만/문제</th><th>대처방법</th></tr>
<tr><td>1. _____</td><td>_____</td></tr>
<tr><td>2. _____</td><td>_____</td></tr>
<tr><td>3. _____</td><td>_____</td></tr>
<tr><td>4. _____</td><td>_____</td></tr>
<tr><td>5. _____</td><td>_____</td></tr>
</table>

6. _____   _____
_____   _____
_____   _____

7. _____   _____
_____   _____
_____   _____

8. _____   _____
_____   _____
_____   _____

9. _____   _____
_____   _____
_____   _____

10. _____   _____
_____   _____
_____   _____

응용사례 연습 (30)

고객불만 사례

여러분은 최고의 서비스를 갖춘 식당의 예약 담당자이다. 어느 저녁 한 고객이 데스크로 와서 7시에 예약한 존스라고 한다. 그러나 예약 기록에는 오늘 저녁 7시 뿐만 아니라, 어떤 시간에도 존스라는 이름의 예약이 없다. 이 사실을 고객에게 말했더니 무지하게 화를 내며, 전에도 이 식당에서 같은 일이 두 번이나 있었다며, 어제 분명히 오후 3시쯤 전화로 예약했다고 한다. 고객은 점점 더 흥분하며 당장 조치를 취하라고 요구했다.

아래에 여러분의 대처 방법을 써 봅시다.

먼저 다음과 같이 말합니다.

_____

_____

_____

그 다음 불만 사항을 복창하여 확인하며 다음과 같이 말합니다.

_____

_____

_____

다음으로 고객의 기분을 이해한다는 뜻으로 다음과 같이 말합니다.

_____

_____

_____

'죄송하다'는 뜻으로 다음과 같이 말합니다.

_____

_____

_____

해결책에 동의한다는 뜻으로 다음과 같이 말합니다.

_____

_____

_____

마지막으로 고객에게 감사한다는 뜻으로 다음과 같이 말합니다.

_____

_____

_____

** 대리는 요즘 부쩍 심해진 자동차 소음 때문에 얼마 전 집 근처의 자동차 공업소를 찾았다. 공업소 직원은 여자 고객이라 그런지 자세한 설명은 안했지만, 이것저것 교체해야 할 부품이 꽤 있다면서 차를 점검했다. 직원은 동네라 가격도 잘 해주겠다며 아주 능숙하게 처리했고, 그 동안 관리를 소홀히 한 탓도 있으려니 하고 예상보다 비용이 많이 나왔지만, 동네인 걸 감안하고 믿고 맡겼다. 정비 후 삼일정도 운전하는데 소음은 전혀 개선된 것 같지 않은 것 같고, 오히려 멀쩡했던 클락션이 됐다 안됐다 하는 문제까지 생겼다. 그녀가 5일 뒤 공업소를 다시 찾아가 문제를 얘기하니, 직원은 "정비를 다 받으셨는데 그런 문제가 있다니 정말 불편하셨겠네요. 믿고 맡기셨는데 죄송합니다. 다시 한 번 정밀 검사를 해보겠습니다.", "문제는 없는데 미션 오일을 더 보충해 보겠습니다. 그래도 소음이 계속되거나 원하시면 믿을 만한 다른 공업사를 소개해 드리겠습니다. 참, 클락션은 이제 잘 될 겁니다, 노후 된 파트를 교환했습니다. 언제든지 조그만 문제라도 있으면 오십시오. 오늘 다시 방문해 주셔서 감사드립니다."

그녀는 직원태도를 보고 뭔가 충분한 보상을 받는 것처럼 생각됐고, 불신과 불만이 사라졌다. 차에 문제가 있을 때마다 부담없이 찾아가고 주변 지인들에게도 항상 그 공업사를 추천한다.

얼마 전 중국 북경을 다녀오는 길에 (5월 15일 KE 852)의 항공기 안에서 느낀 작은 감동에 대해서 알려 드리고 싶습니다. 당시 중국 내 공군의 비행훈련으로 북경 공항내의 모든 항공기가 이륙을 못하고, 활주로의 항공기 안에서 무려 두 시간여를 대기하고 있었습니다. 그 당시 승무원들이 참으로 고객의 입장에서 같이 속상해하고 상황을 자세히 이야기하고, 고객들의 불만을 마치 고객과 같은 입장에서 대화 및 대응하는 모습과 자연스레 이런 혼란하고 무료한 시간에 식사를 권하며 나누어 주면서 편안하고 무료하지 않은 시간으로 반전시키는 모습이 참 보기 좋았습니다. 특히 일반석 승객 중 연결편의 시간상 매우 긴박한 많은 환승 손님들을 부득이 비즈니스와 일등석으로의 빈자리에 분산 배치하는 과정에서 더욱 세련미와 정통한 업무 능력을 보여 주었습니다. 그날 852편에서는 지금까지 쉽게 접하지 못했던 많은 위기 극복과 승무원 전체가 매우 좋은 서비스를 보여 주었습니다. 지금까지 이용해 오던 다른 항공사와 이런 것이 국적기구나 이것이 대한항공의 신뢰 역사구나 하고 감동과 뿌듯함을 느꼈습니다.

저는 중국 광저우 한국인 상공회 수석부회장을 맡고 있는 ○○○입니다. 지난 6월9일~6월11일까지 중국 베이징에서 제9차 세계한민족대표자대회가 열렸습니다. 9일 오전 베이징 공항에 도착하여 본회 장소로 이동하려고 하던 차에 미국에서 오시는 한인회 대표자님께서 공항에서 수화물 분실로 많이 애를 태우고 있는 모습을 접하게 되었습니다. 마침 제가 광저우 ○○○지점장께 동 사항을 자세하게 설명드리고 확인 및 처리 가능여부 파악을 부탁드렸습니다. 지점장께서 확인해 봐 주시겠다고 하시면서 북경지점 ×××부지점장께 연결해 주셨고, 부지점장께서 상황을 파악해 본 결과, 미국 국내에서 수화물이 대한항공으로 옮겨지는 과정에서 문제가 발생되어 짐이 베이징 공항에 고객과 같이 도착하지 못하게 되었다는 내용과 함께 현재 소화물의 위치가 파악 되었으니 최대한 빠른 조치를 취해 주시겠노라고 말씀 해 주셨습니다.

아울러 한국에서 수속을 대신해서 처리해 주시고, 베이징 공항으로 최대한 빠른 항공노선을 파악해서 보내 주시겠으며, 해당 숙소로 보내 주시겠다는 아주 자세한 설명까지 해 주셔서 제가 미국 대표님께 동 내용을 자세하게 설명해 드리고 나니 '너무너무 감사하다.'는 말씀을 하시면서 '위치 파악과 처리방법을 들었으니 안심이다.' 라고 하시면서 행사장소로 편하게 모시고 같이 참석 할 수 있게 되었습니다. 더군다나 저녁에 다시 연락을 주셨고, 최대한 빠른 시간 내 고객께 전달해 드리기 위하여 oo항공도 아니고, 추가 비용까지 들게 될 xx 항공편으로 수화물을 베이징으로 도착시켜 주셨고, 행사장 호텔 저의 방에까지 무사히 도착하게 해주셨습니다. 제가 ○○○지점장님께 전화 드리고, ×××부지점장으로부터 숙소에 도착했다고 하는 시간까지 불과 7시간 내에 한국에서로부터 베이징 행사 장소까지 완벽한 처리에 정말 행사장에 참석하신 주변 모두도 깜짝 놀랐습니다.

18. 까다로운 고객 응대

항상 그런 건 아니지만 경우에 따라, 고객은 특정문제나 불만으로 인해 까다로워진다. 고객은 여러 가지 이유로 까다로울 수 있지만, 몇 가지 공통적인 특성을 있다. 첫째, 대부분의 까다로운 고객들은 불안감을 가지고 행동한다는 것이다. 이런 고객들은 네 가지 고객 서비스 욕구 중에서 한 개 또는 그 이상이 충족되지 않는다고 거친 언동으로 여러분의 주의를 끈다. 종종 그런 고객들은 부적절하고 무례한 언동을 하지만, 그것은 단지 그들이 필요한 것을 표현하고 있는 것 뿐이다. 고객이 스스로 까다로워진 것이지 여러분 때문에 까다로워진 것이 아닌 것을 잘 알아야 한다. 여러분이 이런 사실을 이해하고 고객욕구의 부족한 부분을 만족시키도록 노력한다면 까다롭고 다루기 힘든 고객을 성공적으로 응대하는데 큰 도움이 될 것이다.

까다로운 고객들은 여러 부류가 있지만 몇 가지 예를 들어보자.

- 요구사항이 많은 고객
- 심술 맞고 불쾌한 사람
- 매우 독특하거나 까탈을 떠는 사람
- 끊임없이 비판하는 사람
- 지나치게 말이 많은 사람
- 아랫 사람에게 생색내기 좋아하는 고객
- 우유부단한 사람
- 술취한 사람
- 모든 일에 논쟁을 일삼는 고객

- 상황파악을 못하는 사람
- 예의없고 무례한 고객

고품질 서비스 불명예의 전당

고위직의 변호사가 시내 중심가의 한 식당에서 작은 모임을 하고 있었다. 모인 사람들은 와인을 몇 병 마시더니, 그 변호사는 큰 소리로 음식을 주문하고 여종업원에게 부적절하며 품위없이 행동했다. 머리 위로 손을 번쩍 들어 박수까지 치며, "빵이랑 와인을 더 가져와." 하며 계속 떠들었다. 여종업원은 비어있는 빵 바구니를 가져가려고 식탁을 가로질러 가면서 '실수인지 고의적인지' 레드 와인이 가득한 글라스를 쳐 그의 무릎에 엎질렀다. 그녀는 얄미운 미소를 지으며, "이런! 너무 죄송합니다. 오늘, 나 왜 이렇게 서툴지?" 라고 말했다.

까다로운 고객응대 요령

위에서 보듯이 까다로운 고객에는 매우 다양한 부류가 있다. 이러한 고객을 대할 때는 여러분이 알고 있는 모든 고객 서비스 기술을 활용해야 하며, 때로는 그 이상이 필요하다. 이 점을 기억하고 이런 상황에 직면했을 때 효과적으로 대처할 수 있는 다섯 가지 방법을 알아보자.

1. **고객을 개인적 감정으로 다루지 말라** : 이것은 적응하기 가장 어려운 고객 서비스 기법 중의 하나이다. 까다로운 고객들은 겉으로는 여러분을 공격하는 것처럼 보이지만 여러분을 개인적으로 공격하는 것이 아니라는 것을 이해해야 한다.

2. **평정심을 유지하고 주의깊게 들어라** : 이것은 말하기는 쉽지만 실제로 실천하기는 매우 어렵다. 숨을 깊이 들여 마시고 말할 단어를 미리 신중하게 생각하는 것도 도움이 될 수 있다. 들은 내용을 반복해서 말하고, 단어를 바꿔가며 상세히 설명하고, 고객의 말을 정확하게 이해했다는 것을 확인시키는 등 효과적인 듣기 방법을 사용해야 한다.

3. **사람이 아닌 문제에 초점을 맞춰라** : 가능하면 조용한 장소로 가서 앉도록 한다. 그리고 문제를 해결하도록 최선을 다한다. 이 고객의 요구사항이 무엇인지, 그리고 여러분이 할 수 있다면 어떤 방법으로 요구를 들어줄 수 있는지 생각한다. 그리고 여러분이 할 수 있는 것과 할 수 없는 것을 고객에게 알려 준다. 모든 문제를 긍정적인 마음으로 생각한다.

4. **불만에 가득 찬 고객을 행복한 고객으로 만든 자신에게 보상하라** : 자신에게 미소 지으며 스스로 등을 도닥거리듯이 칭찬한다. 여러분은 정말 놀라운 업적을 달성했으며 바로 여러분이 고객 서비스의 영웅이다.

5. **실패했을 때는 도움을 요청하라** : 당신이 어떻게 처리해야 할 지 모르는 어려운 상황에 처했을 때는 상급자를 개입시킨다. 어떤 특정한 문제들은 상급자의 처리가 필요할 때가 있다. 상급자가 일을 처리할 때는 어떤 종류의 문제들이고 상급자가 어떻게 처리하는지 잘 관찰한다.

고품질 서비스 명예의 전당

한 유명인이 고급호텔에 투숙하려고 왔다. 그는 직원에게 "정확히 아침 6시에 깨워줘요. 만약 조금이라도 늦는다면 당신이 책임져야 될 거예요. 저녁은 정확히 7시에 내 방에서 먹을 거예요. 알겠죠? 그리고 아침식사는 6시 30분에 정확하게 갖다 주세요. 만약 이대로 하지 않으면 당신에게 모든 책임을 물을 겁니다. 그 직원은 "잘 알겠습니다. 모든 것을 그대로 확실히 하도록 하겠습니다. 시간에 맞춰 정확하게 일을 진행할 수 있도록 지배인과 말씀을 나누실 수 있게 해드리겠습니다." 지배인은 먼저 그 고객을 로비의 안락한 응접실로 안내하여 앉도록 했다. 그리고 앞으로 이틀 동안 필요한 고객의 요구사항을 확실하게 수행할 수 있도록 그 내용을 모두 적어서 확인했고, 모든 것은 고객이 요구한대로 정확하게 제공되었다.

실패 줄이기

고객 서비스 제공자는 서비스 실패 사례를 줄이도록 해야 한다. 안타까운 사실이지만, 언제나 모든 고객을 만족시킬 수는 없다. 현실적으로 고객을 만족시킬 수 없는 불가능한 순간이 있다. 그러나 그런 일은 지극히 드물다. 까다로운 고객에 의한 대부분의 어려운 상황도 올바르게 처리하기만 하면 고객과 서비스 제공자가 상호 동의할 수 있는 해결책을 찾을 수 있다. 고품질 서비스를 제공하는 것은 일종의 숫자 게임이다. 더 많은 고객을 만족시킬수록 더 좋으니까. 고품질 서비스 제공자에게는 완벽함이 아니라, 일관된 태도가 필요하다. 고품질 고객 서비스를 달성하기 위한 핵심은 성공적인 서비스 사례는 많이 늘리고 실패 사례는 많이 줄이는 것이다. 결국 능숙한 문제해결과 까다로운 고객을 효과적으로 응대하는 것이 이 게임의 관건이 된다. 그리고 결과적으로 여러분과 고객이 모두 승자가 될 때 진정한 고품질 서비스의 목표가 달성된다.

주요개념

1. 대부분 까다로운 고객들은 네 가지의 고객 서비스 욕구 중 한 개 이상이 충족되지 않을 때 발생한다.

2. 까다로운 고객은 여러 부류가 있다.

3. 까다로운 고객의 공격적 언동은 일반적으로 서비스 제공자에 대한 개인적인 공격이 아니다.

4. 까다로운 고객을 다루는 다섯 가지 요령이 있다.

5. 고품질 고객 서비스를 달성하기 위한 핵심은 성공적인 서비스 사례를 늘리고 실패 사례를 줄이는 것이다.

학습 및 토론 과제

1. 까다로운 고객은 왜 까다롭게 됩니까?

2. 까다로운 고객의 공격적인 언동을 왜 서비스 제공자에 대한 개인적 감정으로 보지 말아야 합니까?

3. 까다로운 고객을 다루는 다섯 가지 요령과 요령이 필요한 이유는 무엇입니까?

4. 까다로운 고객을 응대할 때, 서비스 제공자가 서비스 실패를 주의해야 할 경우는 어떤 것이 있습니까?

까다로운 고객

앞에서 살펴본 까다로운 고객들의 부류나 여러분이 생각하는 까다로운 고객의 예를 들고, 그런
고객들을 어떻게 효과적으로 응대할 수 있는지 대처방법을 적어봅시다.

어려운 상황

_____

_____

이 상황을 개인적인 감정으로 다루지 않기 위해서 여러분은 어떻게 해야 합니까?

_____

_____

_____

평정심을 유지하면서 주의 깊게 경청하기 위해 여러분은 어떻게 해야 합니까?

_____

_____

_____

사람이 아니라 문제에 초점을 맞추기 위해서 여러분은 어떻게 해야 합니까?

_____

_____

_____

고객 문제를 성공적으로 처리한 것에 대해 스스로에게 보상하는 방법에는 어떤 것이 있을까요?

_____

_____

_____

상급자의 도움을 요청해야 할 경우에는 어떤 것이 있을까요?

_____

_____

_____

까다로운 고객의 사례

여러분은 도심지 호텔 프런트 데스크의 고객 서비스 담당 직원으로 일하고 있다. 정장 차림의 중년 여성이 프런트 데스크로 와서 지배인을 불러달라고 요청한다. 지배인은 그때 외출 중이어서 여러분이 도움을 줄 수 있다고 이야기한다. 그녀는 자기가 이 호텔의 단골 고객이며, 꽤 까다로워서 항상 최상의 서비스만 받는다고 했다. 그러면서 자신의 애완견을 왜 호텔 객실에 데려올 수 없는지, 또 자기가 왜 호텔 근처의 애완견 모텔에 강아지를 억지로 맡겨야 되는지 도무지 이해할 수 없다고 한다. 그녀와 강아지는 여태까지 떨어져 본 적이 없고, 자기 강아지는 너무 잘 길들여져서 용변도 잘 가리고 결코 짖거나 물지 않는다고 한다. 별도의 요금을 내면서 자신의 강아지를 춥고 거칠게 다루는 애완견 모텔에 홀로 두는 것은 매우 싫다고 한다. 그녀는 자신이 강아지를 얼마나 사랑하는지에 대해 끊임없이 얘기한다. 다른 고객들은 프런트 데스크 앞에서 차례를 기다리며 계속 줄을 서 있는 상황이다.

이 고객에게 어떻게 응대해야 합니까?

아래에 여러분의 대처방법을 적어봅시다.

_____

_____

_____

_____

_____

_____

_____

"아무리 전기 아끼는 것도 좋지만, 병원 대기실이 이렇게 더워서야 환자들 혈압이 더 올라 자빠지면 책임 질거야! 병원비 받아 다 어따 쓰는 거야? 야, 거기 너 간호원! 당장 에어컨 쌩쌩 틀지 못해!!" 그 손님의 언동은 대기실의 다른 손님들을 불안하고 더 짜증나게 하고 있었다. 노련한 간호 주임 **씨는 재빨리 그 손님의 차트를 파악한 후 "최상호 고객님 이쪽 방으로 모시겠습니다."하고 조용한 방으로 불러 앉게 했다. "요즘 날씨가 너무 더워 고생스러우시죠, 냉 녹차 한잔 드세요. 혈압을 먼저 좀 체크해 드릴께요. 최 선생님, 태양인 체질이라 더위를 많이 타시니 힘드실거예요, 저희가 먼저 알아서 맞춰드리지 못해 죄송해요. 하지만 너무 차게 지내시면 속엔 더 해로울 수 있습니다. 여름마다 고생도 더 심하시구요." 그녀는 고객이 마음껏 마음을 풀도록 해주고 체질 개선에 대해 운동과 음식 등 여러 흥미로운 얘기들을 나누었다. 자기를 개인적으로 이해해 준다고 느낀 최상섭 고객은 " 역시 수간호사님은 다르구만."하고 진료도 잘 받고 병원을 나갈 때는 "간호원 언니들 고생하는데 아까는 미안했네. 내가 좀 열을 쉽게 받아서 다음에 봐요."머쓱한 미소까지 지었다.

잠시 후 슈퍼에서 아이스크림 한 봉지가 배달됐다. "이거 어떤 남자 손님이 간호원님들 드시래요. 더운데 고생많으시다구요.."

일을 하다 보면 종종 까다로운 손님이 오곤 합니다. 일명 '진상.'이라 불리우는 분들. 이런 분들 오면 정말 대략 남감합니다 – "여기가 별다방이야. 왜 이리 커피가 비싸" 부터 시작해서 "왜 매장 내 금연이냐", "커피가 맛이 없다." "너무 달다." "그린라떼가 너무 비리다." "왜 이리 늦게 나오냐" 등등 정말 각양각색이다.

하루는 그린라떼가 비리다고 하는 고객이 있었다. 이 고객에게 총 두 번을 다시 만들어 드렸다. 내가 아는 방법을 다 동원했지만, 고객은 다른 곳에서 먹던 것보다 이곳 맛이 비리다고 계속 만족하지 못했다. 그래서 우리 매장에서 제일 괜찮은 음료를 만들어 서빙해 드렸다. 결국 그 고객은 우리 매장 최고의 단골이 되었고, 어린이날과 크리스마스때면 어린이 집 선물로 우리 매장의 케익을 150개씩 사 간다. 어린이집 야외 학습코스에 우리 아이스크림을 먹으러 단체꼬마 손님을 몰고 옵니다. 까다로운 진상 손님이 충성심이 강한 고객이 되신 겁니다.

한 호텔 식당에서 고객이 지배인을 불렀다

지배인 : 식사 주문하시겠습니까?

손 님 : 음~ 달걀을 두 개 삶아주는데, 하나는 너무 딱딱해서 먹기 힘들 정도로 삶고, 다른 하나는 줄
줄 흘러내릴 정도로 덜 익히고, 빵은 나이프가 닿으면 부서질 듯 굽고, 버터는 냉장고에서 갓 꺼
내 칼이 들어가기 힘든 걸로, 아, 그리고 물은 따뜻한 것 같지도 않고 차가운 것 같지도 않은
걸로 부탁해요.

지배인 : 아~ 손님, 매우 까다로운 주문이시군요.

손 님 : 뭐라고!! 어제 그런 걸 갖다 줬잖아!!!

단원

Providing Quality Service

자기 평가 —

무엇을 배웠는가?

자기 평가 문제

True–False Test

_____ *1.*　고객 입장이 되어보는 것은 고품질 서비스의 본질을 이해할 수 있는 좋은 경험이 된다.

_____ *2.*　서비스 현장에서 고객이 만족한다면, 고품질 고객 서비스가 이루어졌다고 볼 수 있다.

_____ *3.*　서비스는 고객과 서비스 제공자 모두에게 실패–실패의 상황을 초래할 수 있다.

_____ *4.*　고품질 고객 서비스는 비교적 달성하기 쉬운 것이다.

_____ *5.*　고품질 고객 서비스를 제공하기 위해서는 지능과 재능이 필요하다는 것이다.

_____ *6.*　현재 많은 서비스 제공자들은 고품질 고객 서비스의 본질에 대하여 잘 못 이해하고 있다.

_____ *7.*　서비스 제공자로 성공하기 위해서 서비스 제공자는 새로운 경험에 대하여 개방적이고, 개선하고 성장하는데에 적극적이어야 한다.

_____ *8.*　고객 서비스에 대한 개념은 서비스 제공자의 삶과 일을 통한 경험에 따라 다르다.

_____ *9.*　서비스에 있어서 무형성은 고객 서비스를 수행하기 쉽게 해 준다.

_____ **10.** 고객 서비스는 형체를 볼 수 없기 때문에 그냥 스스로 제공되도록 하는 것이 상책이다.

_____ **11.** "고객은 우리가 존재하는 이유이다." 라는 말은 고객 서비스에 대한 인식을 반영하는 것이다.

_____ **12.** 상기 "고객 서비스에 대한 인식"을 적용한다면 통상적으로 하던 대로 일을 처리하는 결과를 초래할 것이다.

_____ **13.** 서비스 제공자들이 성공적이지 않는 한 해당 서비스 관련기업도 성공할 수 없다.

_____ **14.** "진실의 순간"이라는 용어는 서비스 현장에서 일어나는 일들을 의미한다.

_____ **15.** 외부고객은 그들이 필요하고 해야만 하기 때문에 서비스 업체와 거래를 하는 것이다.

_____ **16.** 고객환대 산업에 존재하는 틈새시장들도 동일한 욕구, 요구 및 기대치를 가지고 있다.

_____ **17.** 내부고객들은 조직 내의 다른 사람에게 의존한다.

_____ **18.** 고객 서비스는 고객환대 산업 내의 모든 사람들의 일이다.

_____ **19.** 고품질 고객 서비스를 제공하는 데는 100%의 성공률을 요구한다.

_____ **20.** 고품질 고객 서비스의 제공은 기본적으로 기업의 필요성과 기대에 의한 것이다.

_____ **21.** 고품질 고객 서비스는 절차적 차원과 동시에 인간적 차원을 같이 통합한다.

_____ **22.** 공장형 서비스의 제공형태는 새로 문을 연 많은 고객환대 산업체에서 볼 수 있다.

_____ **23.** 친구형 서비스 제공은 절차적 효율성에 기우는 경향이 있다.

_____ **24.** 서비스에 관한 언급을 할 때, 고객들의 머릿속에는 적시성을 맨 먼저 생각하는 경향이 있다.

_____ **25.** 적시성이 있는 서비스를 제공한다는 것은 항상 빠른 인사를 해야 한다는 점이 포함된다.

_____ **26.** 고객 서비스의 접점은 후속 서비스의 타이밍과 관련이 있다.

_____ **27.** 신속성과 적시성은 필연적으로 하나의 문제이다.

_____ **28.** 서비스의 적시성과 서비스 흐름은 서로 관련이 없다.

_____ **29.** 서비스 흐름의 본질은 시스템의 상호의존성이다.

_____ **30.** 균형잡힌 시스템은 서비스 흐름을 유지하는데 도움이 된다.

_____ **31.** 서비스 흐름은 시스템 전체적인 현상이기 때문에 서비스 제공자가 통제할 수 있는 여지가 희박하다.

_____ **32.** 서비스 흐름은 서비스를 여러 개의 부문으로 분해함으로써 유지될 수 있다.

_____ **33.** 당신이 서비스 해야 할 고객의 수를 미리 안다면, 효과적인 예측을 할 수 있을 것이다.

_____ **34.** 정확하게 호텔의 투숙객 수를 예측한다는 것은 결정적 서비스 문제가 될 수 있다.

_____ **35.** 예측이라는 것은 고객으로부터 해당 서비스를 요청 받아 그것이 제공된 후에야 명백해 질 수 있다.

_____ **36.** 고객환대 관련 기업 내에서도 의사소통이 자주 장애를 일으킨다.

_____ **37.** 완전한 의사소통의 본질은 효과적인 의사소통을 촉진한다.

_____ **38.** 효과적인 의사소통은 접수한 메시지가 원래 의도와 일치한 것일 때 잘 이루어 질 수 있다.

_____ **39.** 대다수의 고객들은 불평하기를 좋아한다.

_____ **40.** 고객으로부터 구두로 피드백을 구하고자 하는 경우에는 일반적 질문보다는 구체적이고 특정한 질문이 효과적이다.

_____ **41.** 하나의 효과적인 고객 피드백 시스템을 갖는 것이 여러 개의 접근경로를 갖는 것보다 효과적이다.

_____ **42.** 편의를 제공한다는 것은 모든 고객의 요구에 대하여 "네"라고 말하는 것이다.

_____ **43.** 편의를 제공함에는 탄력적 서비스 시스템이 필요하다.

_____ **44.** 고객이 특별한 요구를 하는 경우, "아니오" 라고 대답하기보다 "예" 라고 대답하는 것이 쉬운 일이다.

_____ **45.** 고객환대 산업의 고객들은 네 가지의 기본적 서비스 욕구를 가지고 있다.

_____ **46.** 이해받고 싶다는 고객의 욕구는 메시지의 내용에 관한 것이지 감정적 요인은 아니다.

_____ **47.** 고객의 입장을 공감하는 행위는 서로의 이해를 증진시킨다.

_____ **48.** 편안해지고 싶다는 고객의 욕구를 충족시키는 경우, 그것은 주로 육체적 편안함을 의미한다.

_____ **49.** 환대산업의 고객들은 자기가 중요한 인물로 여겨지는 느낌을 어느 정도 즐기고 있다.

_____ **50.** 가끔은 고객을 당황하게 만드는 것도 필요하다.

_____ **51.** 어떤 때는 태도가 입으로 하는 말보다 더 효과적 의사소통을 한다.

_____ **52.** 좋은 자세를 보여주는 것은 고객 서비스가 유형성(Tangible)이 있다는 좋은 본보기이다.

_____ **53.** 몸짓은 말을 사용하지 않는 의사소통이라고 할 수 있다.

_____ **54.** 태도는 개인적으로 습득한 기준에 의하여 형성될 수 있다.

_____ **55.** 말을 하는 방식에 의하여 진실된 의미를 의사소통할 수 있다.

_____ **56.** 목소리 톤의 적정성 여부는 서비스 환경의 성격에 따라 달라진다.

_____ **57.** 변태는 고객환대 산업에서 거의 발생하지 않는 현상이다.

_____ **58.** 타인에게 예의바르게 대한다는 것은 정서적 에너지가 필요한 일이다.

_____ **59.** 그날의 마지막 고객에게 예의바르게 대하는 것은 그날의 첫 고객에게 한 것과 마찬가지로 쉬운 일이다.

_____ **60.** 과부하 증후군(Overload Syndrome)은 아주 혼잡한 공간에서 일을 하는 것에 대한 반작용이다.

_____ **61.** 태도형성에 대한 촉매자로 당신은 긍정적 태도 또는 부정적 태도를 만들어 낼 수 있다.

_____ **62.** 환대산업의 서비스 제공자들은 그들 스스로가 긍정적 태도의 촉매자가 되는 법을 배워야 한다.

_____ **63.** 긍정적 태도를 보여주는 것은 서비스 접점에서 하는 말보다 훨씬 더 중요하다.

_____ **64.** 서비스 제공 과정에서 사투리나 어법에 맞지 않는 대화는 통상적으로 적절한 것이다.

_____ **65.** 대화에서 "Please" 또는 "Thank you"라고 말하는 것은 서비스 상황에 관계없이 적절한 것이다.

_____ **66.** 환대산업 고객들은 서비스 접점 시 고객의 이름으로 호칭이 불리워진다.

_____ **67.** 고객의 이름을 알 수 있는 시스템을 갖는다는 것은 고객의 이름이 대화에 사용될 것이라는 점을 확신할 수 있게 해 준다.

_____ **68.** 고객들은 서비스 현장에서 자신의 이름으로 불리워지는 것을 원하지 않는다.

_____ **69.** 세심한 서비스(Attentive Service)는 곧 기대하지 않은 서비스의 제공을 의미한다.

_____ **70.** 세심한 서비스(Attentive Service)의 제공자가 되기 위해서는 고객의 욕구에 자신을 조화시키는 특별한 기술이 요구된다.

_____ **71.** 고객을 읽는다(Reading)는 것은 당신이 고객과 상호작용을 하기 전에, 고객에 대하여 할 수 있는 한 많은 정보를 얻는 것을 의미한다.

_____ **72.** 친밀한 관계(Rapport)는 고객과 서비스 제공자 사이에 정서적 관계를 수 반한다.

_____ **73.** 친밀한 관계(Rapport)는 적극적인 것이거나 소극적인 것, 둘 중의 하나이다.

_____ **74.** 감정이입(Empathy)이란 다른 사람의 입장에서 일을 처리할 수 있는 능력 을 말한다.

_____ **75.** 고객의 나이나 옷 차림새는 그 사람의 서비스 욕구가 무엇인가에 대한 힌 트를 제공해 줄 수 있다.

_____ **76.** 단체고객의 욕구는 개인고객의 욕구와 좀 다른 특성을 가지고 있다.

_____ **77.** 모든 고객들에게 생일 축하노래 "Happy Birthday"를 함께 부르도록 요청하는 것은 세심한 서비스(Service Attentiveness)의 전형적 본보기 이다.

_____ **78.** 세심한 서비스(Service Attentiveness)는 고객에게 감동을 준다.

_____ **79.** 효과적으로 고객에게 도움을 주기 위해서 상품에 대한 지식이 반드시 필요 한 것은 아니다.

_____ **80.** 환대기업 고객들은 서비스 제공자로부터의 도움을 원하지 않는다.

_____ **81.** 서비스 현장에 금기 시 되고 있는 다섯 가지의 표현방법이 가지고 있는 문 제는 그러한 표현들이 부정적인 고객 관계를 형성한다는 것이다.

_____ **82.** 서비스 제공자는 서비스를 요구하는 고객 앞에서 주저하는 기색이나 자신 이 없는 듯한 태도를 보여서는 안 된다.

_____ **83.** 고객이 요구하는 서비스에 걸리는 시간을 이야기할 때는 실제 소요되는 시 간보다 줄여서 이야기 하는 것이 좋다.

_____ **84.** 고객에게 서비스 제공자가 이야기 할 때, "당신(You)"으로 시작되는 문장으로 말을 시작하는 것을 피해야 한다.

_____ **85.** 고객에게 무엇은 할 수 없다고 말하기 보다는 어떤 것을 해 줄 수 있는 것을 말하는 것이 더 바람직하다.

_____ **86.** 때로는 서비스 제공자도 "아니오"라고 시작되는 말도 해야 된다.

_____ **87.** 고품질 서비스의 목적은 판매의 신장에 있다.

_____ **88.** 고객 서비스 제공자는 전통적으로 판매 담당자로 보여지는 면이 있다.

_____ **89.** 고객 서비스 제공자로서 판매의 개념을 채택하고 사용한다는 것은 고객 서비스 제공자도 판매를 할 수 있고, 또 그렇게 해야 한다는 전제를 두고 있다.

_____ **90.** 판매는 서비스의 제공에 대하여 덤으로 주어진 보너스와도 같은 것이다.

_____ **91.** 효과적인 판매를 위해서는 상품에 대한 완전한 지식이 있어야 한다.

_____ **92.** 고객 서비스의 네 가지 욕구는 고객의 불만사항을 처리하는데 그다지 관계가 없다.

_____ **93.** 고객의 정서적 문제에 대처하는 것은 서비스 제공자의 몫은 아니다.

_____ **94.** 고객이 불만사항을 이야기하는 경우, 사과의 뜻을 먼저 표하기 보다는 불만요소를 빨리 처리해주는 게 낫다.

_____ **95.** 고객이 제기한 불만사항에 대하여 합의를 본다는 것은 고객이 원하는 모든 것을 다 들어준다는 의미이다.

_____ **96.** 모든 불만을 제기한 고객들은 그 불만을 제기한 것에 대하여 감사의 인사를 받아야 한다.

_____ **97.** 까다로운 고객들은 대부분 어떤 종류의 것이든 불만사항을 가지고 있다.

_____ **98.** 배우기 가장 어려운 고객 서비스 기술 중의 하나는 개인적으로 고객으로부터 공격을 받지 않는 일이다.

_____ **99.** 까다로운 고객이 필요로 하는 것은 좀 더 많은 관심과 배려이다.

_____ **100.** 고품질 고객 서비스를 제공한다는 것은 언제나 모든 고객을 만족시킨다는 의미이다.

Service Provider
Self-Assessment scale(SPSAS)

1. 고객의 욕구에 적합한 서비스를 타이밍에 맞춰 제공하고 있는가?

2. 대기 고객이 기다리는 동안 시간을 보낼 뭔가를 제공하는가?

3. 서비스의 순서를 원활하고 단계적으로 제공하고 있는가?

4. 고객 서비스의 요구에 대하여 우선순위를 입각하여 대처하고 있는가?

5. 고객의 욕구보다 한 발짝 앞서서 가고 있는가?

6. 고객이 요구하기 전에 고객이 필요한 서비스를 제공하는가?

7. 고객이 요청하거나 주문한 것을 크게 복창하여 반복하는가?

8. 동료직원들과 적기에 정확하고 철저한 매너로 의사소통을 하는가?

9. 고객으로부터 피드백이 필요한 경우, 구체적 질문으로 정확한 답변을 유도해 내는가?

10. 말로 표현하는 것보다 더 체계적인 피드백 시스템을 가지고 있는가?

11. 통상적이 아닌 특별한 요구에 대해서도 "네"라고 대답한다.

12. 불편을 겪더라도 고객의 편의를 위해서라면 그 서비스를 제공한다.

13. 감독이 없는 상황에서도 변함없이 업무를 수행한다.

14. 조직적이고 효율적인 매너로 일을 한다.

15. 직무를 수행하는데 필요한 것은 긍정적 태도뿐이다.

16. 웃으며 서비스를 제공하는가?

17. 고객 친화적인 목소리의 톤을 유지하는가?

18. 일(직업)에 대한 열정이 배어 나오는가?

19. 고객과 이야기할 때, 공손하고 의미있는 언어를 사용하는가?

20. 고객과 이야기 할 때, 사투리나 속어를 사용하는가?

21. 서비스하는 동안, 고객의 이름을 부르도록 하는 일종의 서비스 제공 기준을 준수하고 있는가?

22. 서비스를 제공하거나 마칠 때, 고객 이름으로 부르는가?

23. 고객 서비스를 할 때, 추가적인 배려를 제공하는가?

24. 필요한 경우라면 차별화된 고객 서비스를 제공한다.

25. 상품이나 서비스에 대한 고객의 질문에 정확히 대답해 주었는가?

26. 고객에게 도움이 되는 제안을 해 주었는가?

27. 효과적인 판매기술을 동원했는가?

28. 상품이나 서비스의 향상에 관한 언급을 했는가?

29. 고객이 화가 나고, 적대적이고 분노에 차 있는 경우에도 당신은 유쾌하고 침착한 자세를 유지하는가?

30. 불만사항을 고객이 만족하는 선까지 처리하는가?

SPSAS 채점표

보기에서와 같이 각 요소의 비율은 당신의 장점과 약점을 알려줍니다. 만일 당신이 어느 특정분야에서 낮은 비율을 기록했다면, 그 분야를 개선함으로써 자기 자신을 향상시킬 수 있는 기회가 될 것입니다.

채점 예			
적시성 1 : **3**	2 : **3**		Total **6** / 8 = **75%**

적시성	1 ____	2 ____	Total	____ / 8 =	____ %
원활한 서비스의 흐름	3 ____	4 ____	Total	____ / 8 =	____ %
예측	5 ____	6 ____	Total	____ / 8 =	____ %
의사소통	7 ____	8 ____	Total	____ / 8 =	____ %
고객 피드백	9 ____	10 ____	Total	____ / 8 =	____ %
환영	11 ____	12 ____	Total	____ / 8 =	____ %
조직 / 감독	13 ____	14 ____	Total	____ / 8 =	____ %
태도 / 바디랭귀지	15 ____	16 ____	Total	____ / 8 =	____ %
태도 / 목소리 톤	17 ____	18 ____	Total	____ / 8 =	____ %
재치	19 ____	20 ____	Total	____ / 8 =	____ %
이름 부르기	21 ____	22 ____	Total	____ / 8 =	____ %
세심한 배려	23 ____	24 ____	Total	____ / 8 =	____ %
안내	25 ____	26 ____	Total	____ / 8 =	____ %
판매기술	27 ____	28 ____	Total	____ / 8 =	____ %
정중함	29 ____	30 ____	Total	____ / 8 =	____ %

True—False Test Answer

1.	F	*26.*	T	*51.*	T	*76.*	T
2.	F	*27.*	F	*52.*	F	*77.*	F
3.	T	*28.*	F	*53.*	T	*78.*	T
4.	F	*29.*	T	*54.*	T	*79.*	F
5.	F	*30.*	T	*55.*	T	*80.*	F
6.	T	*31.*	F	*56.*	T	*81.*	T
7.	T	*32.*	T	*57.*	F	*82.*	F
8.	T	*33.*	T	*58.*	T	*83.*	F
9.	F	*34.*	T	*59.*	F	*84.*	T
10.	F	*35.*	F	*60.*	F	*85.*	T
11.	T	*36.*	T	*61.*	T	*86.*	F
12.	F	*37.*	F	*62.*	T	*87.*	T
13.	T	*38.*	T	*63.*	F	*88.*	F
14.	T	*39.*	F	*64.*	F	*89.*	T
15.	F	*40.*	T	*65.*	T	*90.*	F
16.	F	*41.*	F	*66.*	F	*91.*	T
17.	T	*42.*	F	*67.*	F	*92.*	F
18.	T	*43.*	T	*68.*	F	*93.*	F
19.	F	*44.*	F	*69.*	T	*94.*	F
20.	F	*45.*	T	*70.*	T	*95.*	F
21.	T	*46.*	F	*71.*	F	*96.*	T
22.	F	*47.*	T	*72.*	T	*97.*	F
23.	F	*48.*	F	*73.*	F	*98.*	T
24.	T	*49.*	T	*74.*	T	*99.*	T
25.	T	*50.*	F	*75.*	T	*100.*	F

저자약력

- William B. Martin, Ph.D.
  - The Collins School of Hospitality Management
  - California State Polytechnic University, Pomona

역자약력

- 인하공업전문대학 서비스학부 교수 공역
  - 고석면(관광경영과)   · 정성휘(비서과)
  - 김동헌(비서과)   · 주치운(호텔경영과)
  - 김성필(항공운항과)   · 최병천(항공경영과)
  - 노영국(관광경영과)   · 최복수(호텔경영과)
  - 오수경(관광경영과)   · 최지한(항공운항과)
  - 임성연(항공운항과)   · 홍영식(항공운항과)

대표역자 약력

- 최복수
  - 경영학박사
  - 한국호텔관광학회 부회장
  - 인천경제자유구역청 송도컨벤시아 운영자문위원
  - 인천도시공사 설계자문위원
  - 주요저서: 관광학개론, 관광사업경영론, 호텔객실과 현관업무, 외식경영실무, 호텔프로젝트, 관광/호텔서비스론

고객 서비스 업무의 실제

2012년 2월 25일 초판 1쇄 발행
2020년 2월 25일 초판 3쇄 발행

저　자　William B. Martin
역　자　인하공업전문대학 서비스학부 교수 공역
펴낸이　임 순 재
펴낸곳　**(주)한올출판사**
등　록　제11-403호
주　소　서울시 마포구 모래내로 83(성산동 한올빌딩 3층)
전　화　(02) 376-4298(대표)
팩　스　(02) 302-8073
홈페이지　www.hanol.co.kr
e-메일　hanol@hanol.co.kr
정　가　**13,000원**　　　ISBN 979-89-94948-54-6